职业教育旅游大类
系列教材

京师职教

DAOYOUCI JIANGJIE
SHIXUN

导游词讲解实训

■ 主　编：秦盛林
■ 副主编：王一乔　余　晋　王　薇
■ 编　委：张　琴　牟世强　康秋映　朱轶轶
■ 摄　影：秦盛林　王　薇　王一乔　王建飞　王仁潮
■ 主　审：秦秀兰

北京师范大学出版集团
BEIJING NORMAL UNIVERSITY PUBLISHING GROUP
北京师范大学出版社

图书在版编目（CIP）数据

导游词讲解实训 / 秦盛林主编 . -- 北京 ：北京师
范大学出版社，2025.4
ISBN 978-7-303-29654-5

Ⅰ . ①导… Ⅱ . ①秦… Ⅲ . ①导游－解说词－中国－
中等专业学校－教材 Ⅳ . ①K928.9

中国国家版本馆 CIP 数据核字 (2024) 第 000522 号

DAOYOUCI JIANGJIE SHIXUN
出版发行：北京师范大学出版社 https://www.bnupg.com
　　　　　北京市西城区新街口外大街 12-3 号
　　　　　邮政编码：100088
印　　刷：鸿博睿特（天津）印刷科技有限公司
经　　销：全国新华书店
开　　本：889 mm × 1194 mm　1/16
印　　张：9
字　　数：190千字
版　　次：2025年4月第1版
印　　次：2025年4月第1次印刷
定　　价：39.80元

策划编辑：易　新　　　　　　　责任编辑：陈　倩
美术编辑：焦　丽　　　　　　　装帧设计：焦　丽
责任校对：陈　民　　　　　　　责任印制：赵　龙

前　言

随着社会的发展，旅游业已经成为全球经济中发展势头最强劲和规模最大的产业之一。全国旅游行业以党的二十大精神为指引，取得了辉煌成就。特别是经过 2024 年全国文旅新一轮爆火之后，旅游业再次呈现出增长速度快、资源消耗低、带动系数大、就业机会多、综合效益好的积极面。现在，旅游已经成为中国居民生活消费的重要组成部分。

随着旅游业的蓬勃发展，游客的需求在发生变化。对于景区（点）讲解员来说，讲解不再是简单化、格式化的工作，而是一项丰富且复杂的工作。景区（点）讲解员要以灵活多变的讲解方法、生动形象的讲解语言、丰富的讲解内容以及艺术性的讲解技巧为游客提供优质的讲解服务。

旅游景区（点）导游讲解是旅游业的重要组成部分，是吸引游客的核心要素。因此，我们根据景区（点）讲解技能的要求和景区（点）实际情况，对在实地讲解中可能会遇到的各种问题予以剖析，以便学生在实际工作中灵活处理。

为了提高各院校旅游类专业学生和各景区（点）导游讲解部门新入职人员的讲解水平，本教材的主编、四川省导游协会副会长秦盛林带领编写组以《中华人民共和国旅游法》为准绳，以培养德智体美劳等全面发展、具有综合职业能力、能胜任景区（点）讲解工作的高素质劳动者和中高级实用型人才为目标编写了本教材。秦盛林带领编写组认真研读党的二十大报告，深刻领会习近平总书记提出的新思想新论断、做出的新部署新要求，特别是对文化和旅游工作做出的重要部署，切实把思想和行动统一到党的决策部署上来，迅速掀起学习、宣传、贯彻热潮，真正把学习热情、学习成果转化为推动旅游业高质量发展的思想自觉和行动自觉。在编写本教材时，编写组认真践行"通过成就看成因，不断增强发展自信；通过规律看方法，把握科学发展路径"的理念，结合导游人员的职业要求，将景区（点）讲解技能有效对接当今旅游业发展新趋势。

秦盛林带领编写组以改革创新为导向，加强思想政治教育，把思想政治课程融入整个学校的文化生活中。本教材分为乡村、生态旅游景区（点）导游词讲解实操训练，古街（镇）旅游景区（点）导游词讲解实操训练，博物馆导游词讲解实操训练等模块。编写组力求使教材内容涵盖职业道德、服务意识、行业实际讲解模式、导游词改写优化处理等内容，并努力使教材体现专业性、趣味性、易掌握性和实用性。本教材适用于旅游服务与管理专业的景区（点）讲解专业课程教学，也适用于高星级饭店运营与管理专业的综合技能教学，还可作为各旅游景区（点）讲解员提高自身讲解水平的参考书籍。当本教材用于旅游服务与管理专业的景区（点）讲解专业课程教学时，共计 144 课时，拟开设两学期。当本教材用于高星级饭店运营与管理专业的综合技能教学时，共计 72 课时，拟开设一个学期。各学校可根据具体情况，对课程内容做合理调整。具体学时安排建议如下。

模块	课程内容	（专业技能实训）拟用学时	（综合技能学习）拟用学时
模块一	景区（点）讲解员的职业要求	4	2
模块二	乡村、生态旅游景区（点）导游词讲解实操训练	36	18
模块三	古街（镇）旅游景区（点）导游词讲解实操训练	36	18
模块四	博物馆导游词讲解实操训练	32	16
模块五	四川省其他著名景区（点）导游词讲解实操训练	36	18

在编写过程中，本教材得到了四川省导游协会、相关地市州教育科学研究院职业教育与成人教育研究所、各职业院校、相关旅游景区（点），正高级教师秦秀兰，以及文力、王振、唐学军、彭慧、邹陆彬、杨茜、任熹璇、刁小林、陈光荣、曾阳、倪杨、曾永星、冉丹、张力、雷云、廖蓉、黄磊、姚静、李智勇、王莉、崔妍、吴婷婷、龙桂红、吴志明、罗建伟等老师的大力支持与帮助，在此表示衷心的感谢。

希望各院校和其他读者在使用本教材的过程中向我们提出宝贵的建议。我们将不断改进，使其更加完善。

配套课件

目　录

模块一　景区（点）讲解员的职业要求

模块目标

素养目标：

★ 坚定理想信念，传承中华优秀传统文化，自觉树立和践行社会主义核心价值观，提高使命感与责任感，强化学习能力和社会实践能力

★ 提升职业道德水平，展示景区（点）讲解员的良好精神面貌

★ 提高职业修养和服务意识

知识目标：

★ 了解景区（点）讲解员的岗位职责

能力目标：

★ 具备景区（点）讲解员的职业道德和职业修养

★ 熟练掌握景区（点）讲解技巧

模块导入

小王的景区（点）讲解生活

　　小王是某景区的一名讲解员。该景区作为国家 AAAA 级旅游景区，每年都吸引大批游客。景区主任老张说："我们要求每个工作人员都能为游客做讲解。对于专业的讲解员，我们要求更高。景区（点）讲解员不仅要普通话标准，而且要具备良好的精神风貌，还需具备较高的个人素质。"小王说："每年的 5 月、10 月是旅游旺季，也是我们最忙的时候。有时候带团讲解，中午都来不及吃饭。"在旅游旺季，他们每天早上 7 点半就要到岗。在带队前，他们会检查自己的衣着是否得体，扩音器电量是否充足，并查看团队行程表，做好准备工作。

　　景区（点）讲解员需要有强大的知识储备，不仅需要记住所讲解景区（点）的相关知识，而且要熟知其他景区（点）的知识，之后还要将其转变成自己的语言，从而更好地为游客讲解。小王说："对于同一个景点，我每次讲解的内容都不完全一样，每次都会加入一些新的东西。有空的时候，我就会去景区，站在各个景点前思考并发掘出一些内

在的东西，不断充实自己。在旅游淡季，我们会定期参加培训，并参与景区（点）的日常管理。"有一次，小王接待了一位老教授，被问到一些与景区相关的专业历史知识，他没有回答上来。这给了他很大的压力，但也给了他上进的动力。那么，景区（点）讲解员的岗位职责是什么呢？他们需要具备哪些职业道德和职业修养呢？小王的工作经历有没有带给你一些启发呢？

模块任务

学生通过学习本模块的知识，完成以下任务。

任务一：了解景区（点）讲解员的岗位职责，并完成【任务评价】和【实训心得】的填写。

任务二：掌握景区（点）讲解员的职业道德，并完成【任务评价】和【实训心得】的填写。

任务三：掌握景区（点）讲解员的职业修养，并完成【任务评价】和【实训心得】的填写。

任务一　了解景区（点）讲解员的岗位职责

模块一任务一

★ 活动一：课前准备

1.学生通过报纸、杂志、网络等途径收集关于景区（点）讲解员岗位职责的相关资料。

2.学生通过走访当地知名的旅游景区（点）或者旅行社，熟悉讲解员的职业要求。

3.想一想：讲解员在讲解不同类型的旅游景区（点）时，应分别从哪些方面切入？

★ 活动二：知识学习

景区（点）讲解员是指依法取得旅游景区（点）讲解证，受旅游景区（点）讲解服务单位委派，在核定的旅游景区（点）范围内为游客提供向导、讲解及相关服务的人员。

景区（点）讲解员的岗位职责如下。

第一，讲解员必须服从单位的统一管理，自觉和认真执行单位的各项规章管理制度，严禁未经批准随意外出或无故缺勤。

第二，讲解员应规范保管和使用讲解证，严禁随意转借、涂改、伪造讲解证和未经批准使用讲解证外出从事讲解活动。

第三，讲解员应严格服从单位的日常工作安排，遵守单位关于团队运行方面的相关要求，自觉维护景区利益，以最优质的服务接待各方游客。严禁不

知识链接：

《四川省旅游景区景点讲解人员管理办法》规定，在本省行政区域内的旅游景区景点从事讲解服务活动的人员，应当身体健康，具备高中以上学历和适应旅游景区景点讲解需要的基本知识，语言表达清晰，经考核合格取得讲解证后，方能从事讲解服务活动。

服从工作安排，随意挑团、甩客。

第四，讲解员应自觉遵守单位的作息时间规定，按时上下班，不得无故迟到、早退。病假、事假须事先具备书面手续，经主管领导批准后方可请假（迟到超过 30 分钟后再临时请假的将一律不予准假，并视同旷工处理），病假三天以上须出具医院证明，如无医院证明视同事假处理。

第五，讲解员如要带实习讲解员，必须经主管领导批准，且在带团过程中不得让实习讲解员讲解。

第六，讲解员在开展讲解活动前，应认真执行以下规定。

（1）讲解活动必须经单位委派，讲解员不得私自承揽或者以其他任何方式承揽导游、讲解业务。如果游客临时需要讲解服务，讲解员应告知单位并经单位同意后才可进行服务。

（2）讲解员应向游客讲明景区（点）的环保须知，并且在服务过程中，应始终自觉当好"景区（点）环保宣传员"，用实际行动影响、带动每一位游客自觉遵守景区的环保规定。

第七，讲解员在开展讲解活动时，应认真执行以下规定。

（1）讲解员须着装整洁，用语文明，礼貌待人，热情服务，自觉维护景区荣誉。

（2）讲解员须佩戴贴有照片，载明姓名、性别、编号、服务景区（点）范围的讲解证。

（3）讲解员须在讲解证载明的服务景区（点）范围内进行讲解活动。

（4）讲解员应向游客发放胸卡，以便对游客进行识别和管理。带 10 人以上的团队时，讲解员须持话筒向游客进行讲解，并持导游旗引领游客参观。

（5）讲解员须尊重游客的宗教信仰、民族风俗和生活习惯。

（6）讲解词须积极向上，不得掺杂低俗内容。

（7）讲解员须就涉嫌欺诈经营的行为和可能危及游客人身、财物安全的情况，向游客做出真实说明或明确警示。

（8）讲解员须严格按照规定的游览路线和游览内容进行讲解服务，不得擅自减少服务项目或中途终止讲解活动。若游客中途自愿减少游览内容或要求终止讲解服务，讲解员应请游客以书面形式确认。

（9）讲解员应充分照顾到每一位游客，调整好游览速度，保证每一位游客都能顺利游览，并完整听到讲解。若游客要求延长讲解时间，讲解员应及时与单位取得联系。若游客要求加快游览速度，讲解员应请游客以书面形式确认。

（10）讲解员不得无故离团或自行乘坐观光车或缆车在前方等候游客。如果团队中有部分人乘坐观光车或缆车，讲解员应陪同未乘坐观光车或缆车的游客步行至前方汇合。

（11）讲解员不得以任何形式向游客兜售物品或索要小费、礼品，不得串通摊主、店主、车主欺骗、胁迫游客消费。

（12）讲解员不得擅自违规收费。

（13）讲解员须严格遵守景区（点）门票管理规定，严禁带客偷逃门票。

（14）讲解员有权拒绝游客下列无理要求：侮辱人格尊严的要求，违反讲解员职业道德的要求，违背公序良俗的要求，违反国家法律、法规的要求。

★ 活动三：考核评价

【大讨论】

1.景区（点）讲解员的职业现状如何？

2.如何成为优秀的景区（点）讲解员？

【任务评价】

评价项目	自我评定	小组评定	教师评定
分析从业现状（30分）			
讲述从业标准（30分）			
讲述从业要求（20分）			
讲述收集相关知识的方法与步骤（20分）			
总评（等级评定）			
等级评定：优（90分及以上）、良（80~89分）、中（70~79分）、合格（60~69分）、不合格（60分以下）			

【实训心得】

_____

_____

_____

_____

_____

_____

任务二　掌握景区（点）讲解员的职业道德

★ 活动一：课前准备

1.学生通过报纸、杂志、网络等途径收集关于景区（点）讲解员职业道德的相关资料。

2.学生通过走访当地知名的旅游景区（点）或者旅行社，了解旅游景区（点）或者旅行社对景区（点）讲解员职业道德的具体要求。

3.想一想：作为未来的景区（点）讲解员，你准备如何提高自己的职业道德水平？

★ 活动二：知识学习

道德是一种社会意识形态，是调整人与人之间以及人与社会之间关系的行为规范的总和。职业道德是把一般的社会道德标准与具体的职业特点结合起来的职业行为规范或标准。不同的职业有不同的职业道德准则，但它们都必须与社会公德一致。

根据职业特点，景区（点）讲解员须具备以下职业道德。

第一，爱国爱企、自尊自强。爱国爱企、自尊自强要求景区（点）讲解员在工作中坚持国家利益高于一切的原则，时时以国家利益为重，为国家和企业的发展做出贡献，自觉维护国家和民族的尊严，有自尊心、自信心，勇于开拓，自强不息。

第二，遵纪守法、廉洁奉公。除了遵守国家的法律、法规外，各行各业人员还要遵守本行业的法规和本单位的制度。景区（点）讲解员必须自觉遵守旅游行业的纪律，执行景区（点）讲解员服务质量标准，在工作中要做到公私分明、克己奉公，自觉抵制各种不良诱惑。

第三，敬业爱岗、恪守诚信。敬业爱岗、恪守诚信，对于景区（点）讲解员来说很重要。一方面，游客构成复杂，使得讲解工作难度很大；另一方面，游客出门在外，各方面都可能会遇到困难，景区（点）讲解员是他们的依靠。所以，在提供讲解服务时，景区（点）讲解员必须兢兢业业、尽心尽责，勇于克服困难，以岗为荣；对待游客要开诚布公，不弄虚作假，不欺骗游客。

第四，优质服务、宾客至上。优质服务、宾客至上是服务行业的一项基本道德规范，是服务人员的基本行为准则，也是衡量服务人员职业道德水平的重要标准。优质服务应该是规范化与个性化相结合的服务，应该是高效率的服务。服务人员在服务中应尽心尽力，尽职尽责，对工作精益求精。景区（点）讲解员要有很强的服务意识，要一切为游客着想，主动热情地为游客提供优质的景区（点）讲解服务，把游客的满意度作为衡量自己工作的唯一标准。

第五，热情周到、端庄大度。热情周到、端庄大度既是服务人员的待客之道，也是服务人员应具备的基本品格，体现了服务人员的高雅情操。景区（点）讲解员要将热情友好的态度贯穿服务全程，始终如一地关心游客，尽力为他们排忧解难。在工作中，景区（点）讲解员要衣着整洁、笑口常开、落落大方，使游客感到舒心、满意。

第六，一视同仁、不卑不亢。一视同仁、不卑不亢是国际交往、人际交往的一项行为准则。景区（点）讲解员在态度上、行动上对待任何游客都要一个样，绝不能厚此薄彼，切忌以貌取人。景区（点）讲解员要时刻维护国格、人格，要坚定自己的信念；既要谦虚谨慎，又不妄自菲薄；既要学习外国的先进经验，又不盲目崇拜外来文化；既要热情周到，又不卑躬屈膝。

第七，耐心细致、文明礼貌。耐心细致、文明礼貌是衡量景区（点）讲解员工作态度和责任心的重要标准。景区（点）讲解员对待游客要耐心、细心，提供讲解服务时要有针对性，要根据游客的心理需要提供各项服务，并时刻注意游客的反应，帮助游客解决游览中的问题。景区（点）

讲解员要尊重每一位游客，特别是尊重他们的宗教信仰、民族风俗和生活习惯，做到礼貌待客。

第八，团结协作、顾全大局。团结协作、顾全大局是处理各方面关系的行为准则，是集体主义原则在服务工作中的具体体现。游客接待服务是由许多环节组成的综合性服务，每一个环节的服务质量，都会影响接待服务的整体质量。讲解服务是游客接待服务中的重要一环，因此，景区（点）讲解员要与有关单位和人员密切配合、互相支持，以大局为重，做好服务工作。

★ 活动三：考核评价

【大讨论】

1. 在讲解过程中，当游客出现挑剔、责难的苗头时，景区（点）讲解员应该怎么办？

2. 如何能更好地提高景区（点）讲解员的职业道德水平？

【任务评价】

评价项目	自我评定	小组评定	教师评定
讲述如何做到爱国爱企、自尊自强（14分）			
讲述如何做到遵纪守法、廉洁奉公（14分）			
讲述如何做到敬业爱岗、恪守诚信（12分）			
讲述如何做到优质服务、宾客至上（12分）			
讲述如何做到热情周到、端庄大度（12分）			
讲述如何做到一视同仁、不卑不亢（12分）			
讲述如何做到耐心细致、文明礼貌（12分）			
讲述如何做到团结协作、顾全大局（12分）			
总评（等级评定）			
等级评定：优（90分及以上）、良（80~89分）、中（70~79分）、合格（60~69分）、不合格（60分以下）			

【实训心得】

任务三　掌握景区（点）讲解员的职业修养

★ 活动一：课前准备

1. 学生通过报纸、杂志、网络等途径收集优秀景区（点）讲解员的事迹。
2. 学生收集景区（点）讲解员的典型服务案例，并谈谈自己的看法。
3. 想一想：作为未来的景区（点）讲解员，你准备如何提升职业修养？

★ 活动二：知识学习

景区（点）讲解员是传播旅游景区（点）文化的使者，具有形象立体化、人格魅力化、讲解风格化、内容权威化的特点。景区（点）讲解员应学习丰富的文化知识，创新自己的讲解技能，提高自己的职业修养，以便更好、更有效地传播旅游景区（点）的文化。

修养是指人们在理论、知识、艺术、思想等方面所达到的一定水平以及所养成的为人处世的态度。景区（点）讲解员应该从以下方面提升职业修养。

一、情操修养

情操是指由感情和思想综合起来的、不会轻易改变的心理状态，是以某一种或某类事物为中心的一种负责任的、有组织的情感倾向。景区（点）讲解员的情操是以讲解服务为中心而展开的对国家、集体、游客、个人的情感倾向。景区（点）讲解员应从以下四个方面提升情操修养。

第一，热爱祖国和社会主义。景区（点）讲解员应努力将个人利益与国家利益结合起来，把景区（点）讲解服务工作与社会主义建设事业结合起来，要有历史使命感和社会责任感。

第二，全心全意为游客服务。景区（点）讲解员要热情友好地接待游客，细心周到地为游客服务，想游客之所想，急游客之所急，使游客满意而归。

第三，热爱集体。景区（点）讲解员要深入了解旅游服务接待工作的整体性、协作性。导游讲解服务只是整个旅游服务中的一个环节，所以，景区（点）讲解员应树立集体主义意识，将自己置于集体之中。

第四，热爱本职工作。只有具有远大理想的讲解员，才能在工作中奋发图强，才能使工作有目标，有方向。景区（点）讲解员应勇于实践，勇于创造，使自己成为有理想、有目标、有道德、有文化、有纪律的合格讲解员。

二、学风修养

人的知识需要不断充实、丰富，需要随时更新、扩展，以适应不断发展的时代。景区（点）讲解员的工作是知识密集型工作。从事此项工作的人不能只将其看作谋生的手段，更应将其看作一项事业，要活到老，学到老，努力增长学识，提升文化修养，尽力为游客提供优质的讲解服务，使他们在精神层面获得一种美的享受。

三、文化修养

文化修养的内涵非常丰富。知识、艺术鉴赏能力、兴趣爱好、审美情趣、礼节礼貌等都属于文化修养的范畴。景区（点）讲解员应重视自身的文化修养，努力使自己成为一名举止端庄、谈吐文雅、严于律己、真诚待人的优秀讲解员，从而受到游客的尊重和欢迎。

⭐ 活动三：考核评价

【大讨论】

1. 景区（点）讲解员如何成为合格的旅游景区（点）形象代言人？

2. 景区（点）讲解员的基本素养包括哪些？

3. 景区（点）讲解员在进行讲解服务时应注意哪些细节？

【任务评价】

评价项目	自我评定	小组评定	教师评定
讲述如何提升情操修养（30分）			
讲述如何提升学风修养（30分）			
讲述如何提升文化修养（30分）			
总体印象（10分）			
总评（等级评定）			
等级评定：优（90分及以上）、良（80~89分）、中（70~79分）、合格（60~69分）、不合格（60分以下）			

【实训心得】

_____

_____

_____

_____

_____

模块二　乡村、生态旅游景区（点）导游词讲解实操训练

模块目标

素养目标：

★ 坚定理想信念，传承中华优秀传统文化，自觉树立和践行社会主义核心价值观，提高使命感与责任感，强化学习能力和社会实践能力

★ 提高环保意识，从自身做起，从小事做起

★ 丰富生态学、植物学、环境学等方面的知识，拓宽知识面和视野

知识目标：

★ 了解乡村、生态旅游的内涵和发展概况

★ 熟悉乡村、生态旅游的特点

★ 掌握乡村、生态旅游的分类

能力目标：

★ 了解收集乡村、生态旅游景区（点）相关资料的途径和方法

★ 学会加工和整理资料，能完成一篇较为成熟的讲解词

模块导入

　　乡村、生态旅游是针对旅游业对环境的影响而产生和倡导的一种旅游概念。乡村、生态旅游是以可持续发展为理念，以实现人与自然的和谐为准则，以保护生态环境为前提，依托良好的自然生态环境和与之共生的人文生态开展的，使游客获得生态体验、生态认知、生态教育并获得身心愉悦感的旅游方式。

模块任务

学生通过学习本模块的知识，完成以下任务。

任务一：掌握乡村、生态旅游的基础知识，并完成【任务评价】和【实训心得】的填写。

任务二：参照江西婺源乡村旅游景区（点）的模拟讲解词范文，完成对江西婺源乡村旅游景区（点）的导游词讲解实操训练，并完成【任务评价】和【实训心得】的填写。

任务三：参照海螺沟地质生态旅游景区（点）的模拟讲解词范文，完成对海螺沟地质生态旅游景区（点）的导游词讲解实操训练，并完成【任务评价】和【实训心得】的填写。

任务四：参照光雾山自然旅游景区（点）的模拟讲解词范文，完成对光雾山自然旅游景区（点）的导游词讲解实操训练，并完成【任务评价】和【实训心得】的填写。

任务五：参照鄱阳湖生态旅游景区（点）的模拟讲解词范文，完成对鄱阳湖生态旅游景区（点）的导游词讲解实操训练，并完成【任务评价】和【实训心得】的填写。

任务六：参照碧峰峡生态旅游景区（点）的模拟讲解词范文，完成对碧峰峡生态旅游景区（点）的导游词讲解实操训练，并完成【任务评价】和【实训心得】的填写。

任务七：参照成都蒲江嘉竹绿茶园生态旅游景区（点）的模拟讲解词范文，完成对成都蒲江嘉竹绿茶园生态旅游景区（点）的导游词讲解实操训练，并完成【任务评价】和【实训心得】的填写。

任务八：参照稻城亚丁生态旅游景区（点）的模拟讲解词范文，完成对稻城亚丁生态旅游景区（点）的导游词讲解实操训练，并完成【任务评价】和【实训心得】的填写。

任务九：参照成都大熊猫繁育研究基地的模拟讲解词范文，完成对成都大熊猫繁育研究基地的导游词讲解实操训练，并完成【任务评价】和【实训心得】的填写。

任务一　乡村、生态旅游的基础知识

★ 活动一：课前准备

1. 学生通过报纸、杂志、网络等途径收集自己家乡的或自己熟知的乡村、生态旅游景区（点）的相关资料。

2. 学生尝试独立完成乡村旅游景区（点）讲解词和生态旅游景区（点）讲解词各一篇。

3. 想一想：讲解员在讲解乡村、生态旅游景区（点）时可以从哪些方面入手？

★ 活动二：知识学习

一、乡村、生态旅游的内涵

随着社会经济的发展以及人民生活水平的提高，回归自然、享受美景、陶冶情操已成为大众休闲的时尚选择。乡村、生态旅游作为一种符合可持续发展理念的旅游形式和行为，迎合了人们的消费心理，顺应了时代发展的要求。乡村、生态旅游不仅带动了农村相关产业的发展，而且丰富了旅游业的内容，还繁荣了我国农村的经济和文化。

乡村旅游是指利用乡村独特的自然环境、田园风光、生产经营形态、民俗风情、农耕文化等资源，为游客提供观光、休闲、娱乐、度假、体验、疗养、购物等服务的一种旅游经营形式。

生态旅游概念包含四个重要内涵。第一，旅游对象是自然生态及与之共生的人文生态。也就是说，生态旅游对象不仅包括自然生态系统，还包括自然区域中具有地域特色的人文生态系统。第二，强调旅游责任。一方面，管理者、经营者和游客应承担保护自然环境和促进当地社区可持续发展的责任；另一方面，当地社区应承担保护自然环境和维护旅游文化氛围的责任。第三，重视环境教育。生态旅游要能提升并改变游客的生态资源观和生活方式。第四，生态旅游活动对生态系统的干扰必须是可控的。人们要将生态旅游活动对当地的旅游资源、自然生态和社会文化所造成的负面影响降到最低。与传统的乡村旅游相比，它除了能满足游客的休闲娱乐、观光游览等需求外，还具有生态体验和生态教育功能。它注重资源和环境保护，以及乡村地区的经济和环境的协调发展。

二、国内外乡村、生态旅游的发展概况

（一）国内外乡村旅游发展一览表

阶段	国内	国外
起源	兴起阶段（1980—1990年）：改革开放初期，少数农村根据当地特有的旅游资源，开展了内容多样的旅游活动，如荔枝节、桃花节、西瓜节等农业节庆活动，吸引了附近城市里的游客。	兴起阶段：19世纪初，欧洲已经形成了一些较大的城市，部分城市居民开始向往乡村的美好环境，这带动了乡村旅游的发展。意大利、西班牙等国家的乡村旅游开始兴起。
发展	发展阶段（1991—2000年）：大中城市郊区的农村逐渐开办了一些观光休闲农业园，如北京锦绣大地农业观光园区、四川成都郫县农家乐、福建武夷山观光茶园等，开展采摘、钓鱼、野餐等旅游活动。	发展阶段：20世纪60年代，西班牙开始发展现代意义上的乡村旅游，随后美国、日本等国也推出了乡村旅游产品，重点开发以乡村传统文化和田园风光为特色的乡村旅游。
提高	多样化经营阶段（2001年至今）：人民生活水平日益提高，休闲旅游需求日益强烈，一些注重亲身体验的"乡村农事游"、注重绿色食品消费和乡村疗养的"乡村健康游"、注重农业科技教育的"乡村科教游"等逐渐兴起。乡村旅游开始呈现观光、休闲、娱乐、度假、体验、疗养、购物等综合功能。	深化发展阶段：20世纪80年代以后，欧美一些发达国家的乡村旅游已初具规模，开始进入集观光、度假、休闲、购物等多功能于一体的深化发展阶段。特别是在乡村旅游开展得比较早的意大利、西班牙、美国等国，乡村旅游的发展速度更加迅猛。

（二）国内外生态旅游的发展概况

1. 欧美国家生态旅游的发展概况

欧美国家的人们崇尚大自然，有着回归自然的传统，因此发展生态旅游有着良好的基础。英

国发起了"绿色旅游"运动,其主旨在于推广可持续旅游,平衡旅游发展和环境保护的双重需求。德国生态村建设世界驰名,对保护生态和推广绿色运动做出了贡献。美国是国家公园的创始者。美国于1872年建立的黄石国家公园是世界上第一个国家公园,以保持自然环境的本色著称于世。

2. 亚太国家生态旅游的发展概况

亚洲较早开展生态旅游活动的国家有印度、尼泊尔、印度尼西亚和马来西亚等。其中,印度尼西亚充分利用其"千岛之国"的优势开展生态旅游,其巴厘岛是驰名世界的生态旅游胜地。马来西亚有丰富的动植物资源和多样的海洋旅游资源,是国际知名的生态旅游目的地。生态旅游发展速度较快、生态旅游景区建设力度较大的国家还有日本。例如,有"水果之乡"之称的青森县的长谷川自然牧场,以草场放牧、牛棚挤奶和果园采摘为主要特色。

3. 我国生态旅游的发展概况

我国的生态旅游主要是依托自然保护区、森林公园、风景名胜区等发展起来的。1982年,我国建立第一个国家级森林公园——张家界国家森林公园,开启了旅游开发与生态保护相结合的探索。此后,森林公园建设以及森林生态旅游有了突飞猛进的发展。

1999年举办的昆明世界园艺博览会和系列旅游活动"99生态环境游"显著推动了我国生态旅游的发展。四川成都借助世界旅游日主会场之契机进一步推广了九寨沟、黄龙、峨眉山、乐山大佛等景点,开发生态旅游产品。随后,湖南张家界国家森林公园举办国际森林保护节,进一步推广了武陵源等生态旅游资源。以四川和湖南为起点,生态旅游逐渐在全国范围内发展起来。

2021年10月,三江源国家公园、大熊猫国家公园、东北虎豹国家公园、海南热带雨林国家公园、武夷山国家公园成为中国首批国家公园。国家公园以其无与伦比的自然风景,成为公众向往的生态旅游胜地。根据《建立国家公园体制总体方案》提出的理念,国家公园兼具科研、教育和游憩等功能,为公众提供亲近自然、体验自然、了解自然、享受自然的机会。

习近平总书记在党的二十大报告中强调,"必须牢固树立和践行绿水青山就是金山银山的理念,站在人与自然和谐共生的高度谋划发展",为生态旅游的发展提供了重要的理论指导。

在"绿水青山就是金山银山"理念的推动下,生态旅游的建设与发展已成为我国生态文明建设的重要组成部分。

三、乡村、生态旅游的特点

(一)乡村旅游的特点

1. 乡土性

乡土性是乡村旅游最基本的特点。一方面,它表现为优美恬静的自然风光、丰富多彩的民俗活动、充满情趣的文化艺术、风格迥异的民居建筑;另一方面,它表现为鲜明的地域特色,如成都的"农家乐"充分展示了川西坝子特有的田园风光、民俗风情和古老的巴蜀文化,具有浓郁的农耕风味。

2. 参与性

现代乡村旅游的目的是使游客在农耕农忙中体会到劳动的乐趣，获得不一样的生活体验。游客既能观赏到优美的田园风光，又能满足参与的愿望，还能购得自己的劳动成果。

3. 休闲性

游客无论是在休闲农场（农庄）游憩、采摘、农作、烧烤、食宿，还是在水库、湖泊、鱼塘垂钓，抑或是在环境优美的乡村度假山庄避暑、避寒，都能够体验到乡村生活，了解乡村文化，达到放松身心、修身养性的目的。

4. 自然性

乡村旅游的自然性表现在两个方面：一是乡村的旅游设施和环境自然，如设施多为木头、竹子、石头等材质；二是环境的创设也尽量考虑依山傍水，较少粉饰。在这样的环境中，游客的身心都能得到放松。

（二）生态旅游的特点

第一，生态旅游景区（点）是一个保护完整的自然和文化生态系统，游客能够在其中获得与众不同的经历，这种经历具有原始性、独特性的特点。

第二，生态旅游强调旅游规模的小型化，将旅游活动限定在自然环境的承受能力范围之内。这样既有利于提高游客的观光质量，又不会对环境造成大的破坏。

第三，生态旅游是一种包含责任的旅游，这些责任包括保护生态环境、保护旅游资源、促进旅游的可持续发展等。

四、乡村、生态旅游的分类

乡村、生态旅游包括农家乐乡村游、村镇型乡村游、现代农业科普游、农业产业集聚型旅游、民俗风情型乡村游、乡村休闲度假游、回归自然乡村游。

（一）农家乐乡村游

农家乐乡村游是指农民利用自家庭院、自己种植的农产品以及周围的田园风光、自然景点等，以低廉的价格吸引游客前来进行吃、住、行、游、娱、购等旅游活动，其主要类型有以下四种。

第一，农业观光农家乐，如四川成都三圣乡红砂村农家乐、湖南益阳花乡农家乐等。

第二，民俗文化农家乐，如贵州郎德上寨的民俗风情农家乐等。

第三，民居型农家乐，如广西阳朔的特色民居农家乐等。

第四，休闲娱乐农家乐，如四川成都的郫县农科村农家乐等。

（二）村镇型乡村游

村镇型乡村游是指以古村镇宅院建筑和新农村建设格局为旅游吸引物开发的观光旅游活动，其主要类型有以下四种。

第一，古民居和古宅院，如山西王家大院和乔家大院、福建闽南土楼等。

第二，民族村寨，如云南瑞丽傣族自然村、红河哈尼族民俗村等。

第三，古镇建筑，如平遥古城、丽江古城、南浔古镇、徽州古城等。

第四，乡村风貌，如北京韩河村、江苏华西村、河南南街村等。

（三）现代农业科普游

现代农业科普游是指利用农业科技观光园、农业科技生态园、农业产品展览馆、农业博览园或博物馆为游客提供的，了解农业历史、学习农业技术、增长农业知识的旅游活动，其主要类型有以下三种。

第一，现代农业园区，如陕西杨凌现代农业示范园等。

第二，教育农业园，如广东高明霭雯教育农庄等。

第三，农业科技示范园，如北京小汤山现代农业科技示范园等。

（四）农业产业集聚型旅游

农业产业集聚型旅游是指利用规模化的农业产业活动和风貌开发的农业游、林果游、花卉游、渔业游、牧业游等不同主题的旅游活动，其主要类型有以下两种。

第一，农业产业基地，如山东烟台葡萄园、上海孙桥现代农业园区、内蒙古锡林郭勒草原等。

第二，园艺园林风景区，如四川泸州张坝桂圆林风景区等。

（五）民俗风情型乡村游

民俗风情型乡村游是指以乡村风土人情、民俗文化为旅游吸引物开发的农耕展示、民俗展示等旅游活动。民俗风情型乡村游充分突出农耕文化、乡土文化和民俗文化的特色，增加了乡村旅游的文化内涵，其主要类型有以下三种。

第一，民族文化风景区，如贵州苗族村寨、呼伦贝尔金帐汗蒙古部落等。

第二，民俗文化风景区，如山东日照任家台民俗旅游度假村、新疆吐鲁番坎儿井民俗园。

第三，乡土文化风景区，湖南怀化荆坪古文化村等。

（六）乡村休闲度假游

乡村休闲度假游是指依托优美的乡野风景、清新的空气、独特的地热温泉、绿色的生态空间，结合周围的田园景观和民俗文化，兴建休闲、娱乐设施，为游客提供休闲、度假、娱乐、餐饮、健身等服务的旅游活动，其主要类型有以下三种。

第一，度假村，如广州梅州雁南飞茶田度假村等。

第二，农庄，如湖北武汉谦森岛庄园等。

第三，酒店，如四川成都郫县友爱镇农科村酒店等。

（七）回归自然乡村游

回归自然乡村游是指利用奇异的山水、森林等资源开发的观山、登山、森林浴、滑雪、水上娱乐等旅游活动。回归自然乡村游可以让游客亲近大自然，感悟大自然之美，其主要类型有露营、滑雪、赛马、乡村高尔夫等。

⭐ 活动三：考核评价

【大讨论】

1. 乡村旅游与生态旅游的本质区别是什么？

2. 为什么乡村、生态旅游能够受到广大游客的喜爱？

【任务评价】

评价项目	自我评定	小组评定	教师评定
阐述乡村、生态旅游的内涵（25分）			
阐述乡村、生态旅游的特点（25分）			
阐述乡村、生态旅游的分类（25分）			
阐述乡村、生态旅游的现状（25分）			
总评（等级评定）			
等级评定：优（90分及以上）、良（80~89分）、中（70~79分）、合格（60~69分）、不合格（60分以下）			

【实训心得】

_____

_____

_____

_____

_____

_____

任务二　江西婺源乡村旅游景区（点）导游词讲解实操训练

模块二任务二

⭐ 活动一：课前准备

一、江西婺源乡村旅游景区（点）简介

　　婺源县是古徽州的重要组成部分，今属江西省上饶市辖县，是南宋著名理学家朱熹的故里和"中国铁路之父"詹天佑的家乡。明代戏曲家汤显祖曾这样赞美徽州："一生痴绝处，无梦到徽州。"徽州是被越来越多人提及的地方，有人说这里是中国传统文化的家园。地处偏僻山乡的婺源很幸运地保存了古

徽州的许多文化气韵。这里民风淳朴，文风鼎盛，名胜古迹遍布全县，有保存完好的明清古建筑，有田园牧歌式的氛围和景色。婺源境内林木葱郁、峰峦叠嶂、峡谷深秀、溪流潺潺，奇峰、怪石、驿道、古树、茶亭、廊桥等构成了婺源美丽的自然景观，其名胜古迹有篁岭、彩虹桥、吴楚分界碑、灵岩洞群等。

婺源山明水秀，松竹连绵。飞檐翘角的古民居，或依山，隐现于古树青林之间；或傍水，倒映于溪池清泉之上；与层层梯田、渺渺云烟相映成趣，如诗如画，令人感到心旷神怡，流连忘返。

二、实训前的准备

1. 物质准备：讲解证、导游旗、随身包、记事本、江西婺源乡村旅游景区（点）游览路线图、无线讲解器、遮阳伞（雨伞）等。

2. 心理准备：充满自信，告诉自己一定能完成接待任务，坚定吃苦耐劳的信念，了解游客的基本信息和需求，分析江西婺源乡村旅游景区（点）的哪些方面最令游客感兴趣，熟悉江西婺源乡村旅游景区（点）的讲解词范文。

3. 形象准备：衣着整洁、大方，男士不得留胡须，女士不得化浓妆、留长指甲。

4. 仔细核实接待计划，根据游客的特点，设定团型，并选择适合的讲解风格。

★ 活动二：范文赏析及实操训练

📖 范文赏析

江西婺源乡村旅游景区（点）讲解词

各位游客大家好，欢迎来到我美丽的家乡——婺源。我是今天的讲解员小李，很荣幸有机会可以把婺源的美景介绍给大家。

婺源县位于江西省东北部，是一颗镶嵌在赣、浙、皖三省交界处的绿色明珠。婺源，因位于古婺水源头而得名。县境内多山地，素有"八分半山一分田，半分水路与庄园"的说法，是一个典型的江南山区小县。

婺源是个美丽的地方，被誉为"中国最美乡村"。来婺源旅游最适合的季节是春天，也就是现在。大家看，现在很多花都开了，有漫山遍野的红杜鹃，有金黄的油菜花，再加上满坡的绿茶和眼前这白墙黛瓦，五种颜色，和谐搭配，胜过世上一切美丽的图画。婺源是个好地方，这里村村是画，步步皆景，缥缈的山水，古意盎然的民居、石径、廊桥，透着一派水墨丹青的韵味。

不同的时节来婺源，我们可以看到不同的风景。如果您5—7月来婺源，那么请一定带上一把雨伞，因为那是个多雨的时节，届时撑伞在青石板小巷间漫步，别有一番意韵。如果您9—10月

来婺源，那么您就可以欣赏到丰收的景象，体验到劳作和收获的乐趣。冬季是农闲的季节，家家户户都在为新年准备着，忙碌着。如果您那个时候来婺源，那么您不仅可以体验婺源的民俗风情，还能感受不一样的年味儿。

现在，婺源已形成东、西、北三条旅游精品路线。我们这次的行程主要以东线为主。我们将要参观的主要景点有李坑、汪口、江湾，顺路先去篁岭，再到生态村晓起，之后去江岭和庆源，最后到达官坑。这些景点各有特色，相信大家可以从中领略到婺源不同层次的美。

不知不觉间我们已经到达了今天的第一个景点——李坑。很多人不明白，一个有山有水、风景如画的古村落，为什么叫"坑"呢。其实，在婺源，"坑"就是有山有水的地方。李坑是一个有着千年历史的村落，这里的民居都是非常典型的徽派建筑，让人第一眼见到就会感到无比宁静、祥和。各位朋友，这里是李坑村的水口。婺源人习惯把村口称为"水口"，因为这里的村子全是依山傍水而建的，水是从这里流出村子的。古时候，水口往往成为一个村庄的标志。若村中有人出远门，家人必将其送到水口，千叮万嘱，洒泪挥别。当在外多年的游子重返家乡，望见水口时，便会激动不已，感到分外亲切。那这个村子为什么叫"李坑"呢？正如其名，这个村子是李姓人聚居的村落。李坑，四面环山，古建筑保存完好，且其布局极有特色。村外两条山溪在村中汇合为一条小河，河两岸均建有徽派民居，河上建有颇具特色的石拱桥和木桥。河水清澈见底，人们在河边用石板铺就洗菜、洗衣的溪埠。水光山色与古民居相得益彰，活生生一幅"小桥、流水、人家"的美丽画卷。

这里是李瑞材故居，它建于清朝初年，房屋小院开偏门，正门枋前后均装饰有精美的石雕，屋内厢房槅扇门窗上的木雕精致秀美，风格古朴，展现出李坑人民的智慧和技艺。

我们除了能欣赏李坑的建筑外，还有可能看到美女登上绣楼，现场抛绣球的传统表演。一些来此旅游的帅哥既能欣赏到美景，又能"抱得美人归"。不知道今天我们团队里面有没有这样"幸运"的人呢？

…………

好了，现在我们的车正驶往江岭。江岭，位于婺源县东北部，是婺源田园风光的代表。每当春暖花开时，黄灿灿的油菜花与远山、近水、白墙、黛瓦相映成趣，构成一幅天人合一的画卷。在这里，您可以尽情地释放，让心灵自由地飞翔。从江岭开始，公路始终在山间盘旋。从江岭向下看，梯田如链似带，从山脚层层盘绕至山顶。一个个村庄错落点缀在青山绿水之间，宛若世外桃源，让人看后不禁生出在此长住的念头。

有很多摄影爱好者，时常会不吃不喝地守着这里的某一个角落，只希望能够在最佳的时间，拍出最美的照片。喜欢拍照的朋友都着急了吧！我知道你们很想马上去拍几张，但是不要着急，

小李再占用大家一点儿时间，给大家介绍一下本地的特产，介绍完之后，小李会给大家预留足够的时间拍照。

婺源有蜚声中外的四大特产，我们可以用四种颜色——红、绿、黑、白——来概括它们的特色。"红"，指的是"水中瑰宝"——荷包红鱼。它肉嫩味鲜，被选入国宴。各位朋友的口福不浅，因为小李今天为大家安排的菜肴里面就有这道特色菜。"绿"，指的是"婺源绿茶"。它在唐朝时被记入《茶经》，在宋朝时被称为"绝品"，在明清时作为贡茶被进献到朝廷。婺源的茶叶质柔软，持嫩性好，芽肥叶厚，宜制优质绿茶。比如选用"上梅州"良种茶叶精心制作而成的茗眉茶，香气清高持久，有兰花之香，滋味醇厚鲜爽，汤色碧绿澄明，芽叶柔嫩黄绿，条索紧细纤秀，锋毫显露，色泽翠绿光润。"黑"，指的是"砚国明珠"——龙尾砚。龙尾砚早在唐朝就以"声如铜，色如铁，性坚滑，善凝墨"名扬天下。南唐后主李煜夸其为"天下冠"。"白"，指的是江湾雪梨。它果大肉厚，酥脆香甜，属于果中上品。

好了，朋友们，小李说话算话，现在，就给大家30分钟的时间自由参观和拍照。30分钟后大家在这里集合，我将带大家前往餐厅品尝婺源的美食。

实操训练

一、阅读范文，自主创作

1. 阅读江西婺源乡村旅游景区（点）简介和讲解词范文，熟悉景区（点）的概况，将范文中提到的景点整理出来，然后构思讲解方式，尝试按范文进行模拟讲解。

2. 搜集关于本旅游景区（点）的零散素材，按照导游词的写作格式和要求，根据自己的讲解风格和表达习惯，设定相应团型，完成对江西婺源乡村旅游景区（点）讲解词的分析梳理或改写创作。

二、分解练习

1. 朗读范文或自己按要求撰写的讲解词，规范读音，理顺语句，运用恰当的讲解方式和技巧，初步练习对江西婺源乡村旅游景区（点）的讲解。

2. 熟记江西婺源乡村旅游景区（点）的地理位置、特色景点、风土人情、特产等。

3. 分段落记忆与背诵讲解词，通过反复练习，逐步完成对江西婺源乡村旅游景区（点）的流畅讲解。

★ 活动三：考核评价

将学生分成若干小组，每组6人，一人担任讲解员，其他人扮演游客，进行模拟讲解实操训练。组内成员轮流担任讲解员，模拟讲解完毕后，填写任务评价表。

【任务评价】

评价项目	自我评定	小组评定	教师评定
仪容仪表（10分）			
礼节礼貌（15分）			
语音语调（10分）			
口头表达（20分）			
体态语言（10分）			
讲解内容（20分）			
讲解技巧（15分）			
总评（等级评定）			
等级评定：优（90分及以上）、良（80~89分）、中（70~79分）、合格（60~69分）、不合格（60分以下）			

【实训心得】

_____

_____

_____

_____

_____

_____

任务三　海螺沟地质生态旅游景区（点）导游词讲解实操训练

模块二任务三

★ 活动一：课前准备

一、海螺沟地质生态旅游景区（点）简介

海螺沟风景区，位于青藏高原东南缘、贡嘎山东坡，处于四川省甘孜藏族自治州的泸定县、康定市和雅安市的石棉县三地交界处，由海螺沟、燕子沟、磨子沟、南门关沟等景区组成，拥有

"国家 AAAAA 级旅游景区"、"国家级风景名胜区"、"国家级自然保护区"、"国家地质公园"和"国家生态旅游示范区"等多项桂冠,是"蜀山之王"贡嘎山的最美画卷和令人神往的"香巴拉门户"。

海螺沟位于贡嘎山脚下,以低海拔现代冰川著称于世。海螺沟风景区是亚洲东部海拔最低、离大城市最近、最容易进入的低海拔现代海洋性冰川,以其生态完整的原始森林和丰富的高山沸、热、温、冷泉为特色,形成了一处综合型的旅游胜地。

这里处于青藏高原向四川盆地的过渡地带,气候温和,自然环境、气候条件和旅游资源独具特色。壮丽的冰川与森林共生,奇绝无比;甘甜的山泉水,或自地下涌出,或成清澈的溪流,或为石上飞瀑,轻柔温婉,玉珠挂帘;明镜般的温泉、众多可饮可浴的优质冷热矿泉,堪称"世界一绝";最大规模的红石滩群,让人感叹大自然的神奇造化。高山、低海拔现代冰川、湖泊、温泉、原始森林,珍稀动植物种类丰富,形成了世界上完整的生物气候带,可以使人亲身体验"一沟有四季,十里不同天"的自然变化。一半在天上,一半在人间,海螺沟一年四季都很美。海螺沟风景区融自然风光、历史文化、茶马文化、红色文化和民俗文化于一身,集观光、休闲、疗养、避暑、生态、科考、探险、登山、摄影等功能于一体,共同构筑了四川旅游西环线上最具魅力的旅游目的地。

二、实训前的准备

1. 物质准备:讲解证、导游旗、随身包、记事本、海螺沟地质生态旅游景区(点)游览路线图、无线讲解器、遮阳伞(雨伞)等。

2. 心理准备:充满自信,告诉自己一定能完成接待任务,坚定吃苦耐劳的信念,了解游客的基本信息和需求,分析海螺沟地质生态旅游景区(点)的哪些方面最令游客感兴趣,熟悉海螺沟地质生态旅游景区(点)的讲解词范文。

3. 形象准备:衣着整洁、大方,男士不得留胡须,女士不得化浓妆、留长指甲。

4. 仔细核实接待计划,根据游客的特点,设定团型,并选择适合的讲解风格。

★ 活动二：范文赏析及实操训练

📖 范文赏析

海螺沟地质生态旅游景区(点)——海螺沟原始森林讲解词

各位游客大家好,欢迎来到海螺沟地质生态旅游景区参观游览。今天我们要参观的是海螺沟原始森林。海螺沟原始森林是海螺沟景区的五绝之一,是我国古老与原始生物物种最多的地区之一。各种野生植物争奇斗艳,将海螺沟装点成五彩缤纷的世界。同时,海螺沟也是众多珍稀动物的栖息地。

朋友们,说话间我们已经进入海螺沟原始森林了。海螺沟地区的海拔高差为 6000 米左右,形成了明显的多层次气候带、植被带,使上千种从亚热带至寒带的野生植物集中在一个风景区内。

沿着环游山路徐徐前行，我们可以清楚地看到身旁植物景观的无穷变幻。

这里不仅林美树奇，更有叶缘上缀"红宝石"的红豆杉、满树繁花报春来的木兰。其中，康定木兰可以开粉色、紫红色、白色的花。另外，海螺沟还有许多珍稀植物，如被称为"活化石"的珙桐等。

杜鹃花是花树中的主角，它们数量大，品种多，生长茂，花期长。在春夏之交，杜鹃花把景区装扮得万紫千红，光彩明媚。海螺沟原始森林内有一种悬垂条丝状植物——松萝。它是一种附生在一些大的乔木之上的地衣植物，被科学家称为"树挂"，被山里的人们称为"山挂面"。在海螺沟原始森林中，随处可见倒挂在老树枝干或高山岩石上的细细长长的松萝。山风吹过，它们像薄纱，像丝绸，像老人的胡须，一根根装点着海螺沟的森林。

海螺沟原始森林中还生长着一种落叶大乔木——连香树。它是一种古老而稀有的植物，主要分布于景区内的一号营地。每当春意盎然之时，在漫山的绿树中间，连香树的嫩叶显得格外娇艳动人。

海螺沟原始森林内拥有大量的珍稀野生动物，它们穿行于山谷和森林间，其中不乏凶猛的棕熊和野猪，也可见猕猴、小熊猫、牛羚、红腹角雉等可爱动物的身影。朋友们，让我们一起感受森林，感受风光，感受自己内心与大自然的契合。在这片原始森林内，蓬勃的生命力能激发出沉寂已久的心灵光彩，清新的空气也能对您的肺进行一次净化。这里没有压抑和控制，释放才是永恒的主题。

好了朋友们，我的讲解暂时就告一段落了，现在给大家30分钟的时间游览。30分钟后我们将去下一个景点参观。

📚 实操训练

一、阅读范文，自主创作

1. 阅读海螺沟地质生态旅游景区（点）简介和讲解词范文，熟悉景区（点）的概况，将范文中提到的景点整理出来，然后构思讲解方式，尝试按范文进行模拟讲解。

2.搜集关于本旅游景区（点）的零散素材，按照导游词的写作格式和要求，根据自己的讲解风格和表达习惯，设定相应团型，完成对海螺沟地质生态旅游景区（点）讲解词的分析梳理或改写创作。

二、分解练习

1.朗读范文或自己按要求撰写的讲解词，规范读音，理顺语句，运用恰当的讲解方式和技巧，初步练习对海螺沟地质生态旅游景区（点）的讲解。

2.熟记海螺沟地质生态旅游景区（点）的地理位置、特色景点等。

3.分段落记忆与背诵讲解词，通过反复练习，逐步完成对海螺沟地质生态旅游景区（点）的流畅讲解。

⭐ 活动三：考核评价

将学生分成若干小组，每组6人，一人担任讲解员，其他人扮演游客，进行模拟讲解实操训练。组内成员轮流担任讲解员，模拟讲解完毕后，填写任务评价表。

【任务评价】

评价项目	自我评定	小组评定	教师评定
仪容仪表（10分）			
礼节礼貌（15分）			
语音语调（10分）			
口头表达（20分）			
体态语言（10分）			
讲解内容（20分）			
讲解技巧（15分）			
总评（等级评定）			
等级评定：优（90分及以上）、良（80~89分）、中（70~79分）、合格（60~69分）、不合格（60分以下）			

【实训心得】

_____

_____

_____

_____

_____

任务四　光雾山自然旅游景区（点）导游词讲解实操训练

模块二任务四

★ 活动一：课前准备

一、光雾山自然旅游景区（点）简介

光雾山，位于四川省巴中市南江县北部，是中国南北气候的地理分界线，被称为"南方的北方，北方的南方"。光雾山以其奇特的岭脊峰丛地貌、原始的植被、迷人的瀑潭秀水和秀丽的峡谷风光著称。这里不仅自然景观丰富多样，还蕴含着独特的巴蜀文化、米仓古道文化和三国文化，文化底蕴深厚。2004 年被批准为国家级风景名胜区，2018 年被创建为世界地质公园，2020 年被确定为国家 AAAAA 级旅游景区，并被联合国教科文组织世界遗产委员会列入世界文化与自然遗产预备名录。

光雾山是一方神奇秀丽的自然山水，其地形复杂，峰峦叠嶂，洞穴幽深，山泉密布，云蒸雾绕，林海浩荡，胜景众多，有"中国红叶第一山"的美誉。

春秋战国时期，巴人践草为路，造就了三大古蜀道之一的米仓古道。这条古道上发生过许多历史故事，如萧何月下追韩信、张飞扎营落旗山等。这里还是川陕革命根据地的重要组成部分，徐向前、李先念等老一辈无产阶级革命家，以及巴山游击队在这片热土上用生命和热血书写了一段可歌可泣的红色传奇。这里还有传唱千百年的《巴山背二歌》——被列入国家级非物质文化遗产名录——以及爨坛戏、巴人造纸术等非物质文化资源，它们在历史的演变中与景区自然地融为一体。

金秋十月，当最早的那场秋霜悄然降临，一夜之间，光雾山便成了国画大师笔下的经典秋色世界。色彩的海洋能勾起人们无限的遐想，最初是零星的红叶在层林中点缀，伴着秋日的脚步，一团团金黄、橙红、橘红、深红渐渐在绿海中蔓延开来，绿托着红，红托着黄，彼此依偎，相互映衬。秋意渐浓，那火红渐渐掩盖了所有的绿，简直让人沉醉。

二、实训前的准备

1.物质准备：讲解证、导游旗、随身包、记事本、光雾山自然旅游景区（点）游览路线图、无线讲解器、遮阳伞（雨伞）等。

2.心理准备：充满自信，告诉自己一定能完成接待任务，坚定吃苦耐劳的信念，了解游客的基本信息和需求，分析光雾山自然旅游景区（点）的哪些方面最令游客感兴趣，熟悉光雾山自然旅游景区（点）的讲解词范文。

3.形象准备：衣着整洁、大方，男士不得留胡须，女士不得化浓妆、留长指甲。

4.仔细核实接待计划，根据游客的特点，设定团型，并选择适合的讲解风格。

⭐ 活动二：范文赏析及实操训练

📖 **范文赏析**

光雾山红叶讲解词

各位游客大家好，欢迎来到美丽的光雾山。我是讲解员小李，今天将由我带领大家领略人间仙境——光雾山的秀美，感受巴山儿女的热情。在游览过程中，我会竭诚为大家服务。如果有服务不周到的地方，欢迎大家提出宝贵意见和建议。预祝大家玩得愉快！

您知道光雾山因何得名吗？是的，光雾山因主峰常年云雾缭绕而得名。光雾山中的光和雾神奇变幻，和谐共生，光来雾退，雾进光隐。光雾山是一年四季皆适合游览的景区。春赏山花，夏看山水，秋观红叶，冬览冰挂，每个季节都是一幅画卷。

各位朋友，现在我们已经进入红叶观赏区。看到这漫山遍野的红叶，我们不得不承认秋天的红叶是光雾山最亮丽的一张名片。光雾山的红叶是一日一色、一步一景，红得风韵独特，红得多姿多彩，红出了"丹枫烂漫锦妆成，要与春花斗眼明"的奇妙佳境。光雾山不愧是"天下红叶第一山"。光雾山的红叶是巴中的特色，是巴中旅游的形象大使。"巴山一夜风，木叶映天红"，著名诗人梁上泉赞美光雾山红叶的诗句，形象而逼真地刻画了光雾山红叶的气质和特征。光雾山的红叶有四大特点。一是面积大，气势壮观。二是色彩丰富，五彩斑斓。一般红叶以红色为主，而光雾山的红叶颜色呈梯次变化，以绿、黄、橙、红为主，这是其他红叶观赏区无法相比的。三是周期长，景色分明。观赏红叶时间长达一个月，第一个阶段看红叶五彩斑斓，第二个阶段看红叶层林尽染，第三个阶段看红叶万叶飘丹。四是种类多，内容丰富。光雾山的红叶有水青冈、枫树、椴树等40多个品种，有手掌状、羽毛状、船形状、针形状等20多种形状，有火红、品红、酒红、玫瑰红、紫红、金红等10多种颜色。我的介绍先暂告一段落，接下来请大家跟随红叶的脚步去享受这美丽的秋天吧！

💻 **实操训练**

一、阅读范文，自主创作

1.阅读光雾山自然旅游景区（点）简介和讲解词范文，熟悉景区（点）的概况，将范文中提到的景点整理出来，然后构思讲解方式，尝试按范文进行模拟讲解。

2.搜集关于本旅游景区（点）的零散素材，按照导游词的写作格式和要求，根据自己的讲解风格和表达习惯，设定相应团型，完成对光雾山自然旅游景区（点）讲解词的分析梳理或改写创作。

二、分解练习

1.朗读范文或自己按要求撰写的讲解词，规范读音，理顺语句，运用恰当的讲解方式和技巧，初步练习对光雾山自然旅游景区（点）的讲解。

2.熟记光雾山自然旅游景区（点）的地理位置、特色景点等。

3.分段落记忆与背诵讲解词，通过反复练习，逐步完成对光雾山自然旅游景区（点）的流畅讲解。

★ 活动三：考核评价

将学生分成若干小组，每组 6 人，一人担任讲解员，其他人扮演游客，进行模拟讲解实操训练。组内成员轮流担任讲解员，模拟讲解完毕后，填写任务评价表。

【任务评价】

评价项目	自我评定	小组评定	教师评定
仪容仪表（10 分）			
礼节礼貌（15 分）			
语音语调（10 分）			
口头表达（20 分）			
体态语言（10 分）			
讲解内容（20 分）			
讲解技巧（15 分）			
总评（等级评定）			
等级评定：优（90 分及以上）、良（80~89 分）、中（70~79 分）、合格（60~69 分）、不合格（60 分以下）			

【实训心得】

_____

_____

_____

_____

_____

任务五 鄱阳湖生态旅游景区（点）导游词讲解实操训练

★ 活动一：课前准备

一、鄱阳湖生态旅游景区（点）简介

模块二任务五

鄱阳湖位于江西省北部，跨越多个县市，其中永修县是其重要区域之一。鄱阳湖是中国最大的淡水湖，其面积在丰水期可达 4000 多平方千米。

鄱阳湖接纳赣江、抚河、信江、饶河和修水五河及其他众多支流的来水，经调蓄后由湖口汇入长江，是一个过水型吞吐湖泊，具有"高水是湖，低水似河，洪水一片，枯水一线"的独特景观。鄱阳湖属亚热带季风气候，热量丰富，雨水充沛，无霜期长，四季分明。

鄱阳湖国家级自然保护区是以珍稀候鸟及湿地生态系统为主要保护对象的自然保护区，鄱阳湖国家湿地公园是其重要组成部分。保护区越冬候鸟的最大特点是珍稀、濒危鸟类种类多，数量大。区内有鸟类 310 种，其中国家重点保护野生动物 54 种，是世界上最大的白鹤越冬地。保护区于 1983 年建立，1988 年被列为国家级自然保护区，1992 年被列入《国际重要湿地名录》。

鄱阳湖国家湿地公园是以湖泊、河流、草洲、泥滩、岛屿、泛滥地、池塘等湿地为主体景观的纯自然生态的复合型湿地公园，是世界上重要的湿地之一，是国家 AAAA 级景区、中国科普教育基地。

二、实训前的准备

1. 物质准备：讲解证、导游旗、随身包、记事本、鄱阳湖生态旅游景区（点）游览路线图、无线讲解器、遮阳伞（雨伞）等。

2. 心理准备：充满自信，告诉自己一定能完成接待任务，坚定吃苦耐劳的信念，了解游客的基本信息和需求，分析鄱阳湖生态旅游景区（点）的哪些方面最令游客感兴趣，熟悉鄱阳湖生态旅游景区（点）的讲解词范文。

3. 形象准备：衣着整洁、大方，男士不得留胡须，女士不得化浓妆、留长指甲。

4. 仔细核实接待计划，根据游客的特点，设定团型，并选择适合的讲解风格。

★ 活动二：范文赏析及实操训练

📖 范文赏析

鄱阳湖国家湿地公园讲解词

各位游客大家好，欢迎来到鄱阳湖国家湿地公园。我是讲解员小张，我将陪伴大家游览鄱阳湖国家湿地公园。在游览过程中，各位有任何要求，都可以跟我说，我将竭诚为大家服务。

鄱阳湖国家湿地公园位于鄱阳湖的东岸，为世界六大湿地之一，是亚洲湿地面积最大、湿地物种最丰富、湿地景观最美丽、湿地文化最厚重的国家湿地公园。

鄱阳湖国家湿地公园内河流众多，溪水蜿蜒，芦苇片片，环境幽雅，空气清新，融山水之灵气于一方，汇自然与人文于一处。鄱阳湖国家湿地公园内集湿地文化、候鸟文化、农耕文化、饮食文化于一体，拥有最密集的湖、最多姿的水。丰水季节，水天一色，烟波浩渺，湖面波光粼粼、帆影点点；枯水季节，河泽密布，芳草过膝，一碧千里，芦花飞舞。

我们说天空因鸟儿而灵动，有候鸟的地方就是生态非常好的地方。鄱阳湖国家湿地公园内，集聚着全球三大越冬鸟阵，分别是白鹤、天鹅、鸿雁越冬鸟群。鄱阳湖是世界上最大的白鹤和天鹅越冬池，其中白鹤数量占全球总数的98%以上，是举世瞩目的"白鹤王国"，且每年有几十万只天鹅在此过冬，场面非常壮观。

好了，朋友们，我的讲解先告一段落。俗话说"百闻不如一见，百见不如一体验"。现在就请大家走进这湖光美景之中，用您的眼睛、耳朵、鼻子和心灵好好感受鄱阳湖的美丽，在夕阳的余晖中体会"落霞与孤鹜齐飞，秋水共长天一色"的绝美意境吧。

📚 实操训练

一、阅读范文，自主创作

1.阅读鄱阳湖生态旅游景区（点）简介和讲解词范文，熟悉景区（点）的概况，将范文中提到的景点整理出来，然后构思讲解方式，尝试按范文进行模拟讲解。

2.搜集关于本旅游景区（点）的零散素材，按照导游词的写作格式和要求，根据自己的讲解风格和表达习惯，设定相应团型，完成对鄱阳湖生态旅游景区（点）讲解词的分析梳理或改写创作。

二、分解练习

1.朗读范文或自己按要求撰写的讲解词，规范读音，理顺语句，运用恰当的讲解方式和技巧，初步练习对鄱阳湖生态旅游景区（点）的讲解。

2.熟记鄱阳湖生态旅游景区（点）的地理位置、特色景点等。

3.分段落记忆与背诵讲解词，通过反复练习，逐步完成对鄱阳湖生态旅游景区（点）的流畅讲解。

★ 活动三：考核评价

将学生分成若干小组，每组6人，一人担任讲解员，其他人扮演游客，进行模拟讲解实操训练。组内成员轮流担任讲解员，模拟讲解完毕后，填写任务评价表。

【任务评价】

评价项目	自我评定	小组评定	教师评定
仪容仪表（10分）			
礼节礼貌（15分）			
语音语调（10分）			
口头表达（20分）			
体态语言（10分）			
讲解内容（20分）			
讲解技巧（15分）			
总评（等级评定）			
等级评定：优（90分及以上）、良（80~89分）、中（70~79分）、合格（60~69分）、不合格（60分以下）			

【实训心得】

_____

_____

_____

_____

_____

任务六 碧峰峡生态旅游景区（点）导游词 讲解实操训练

模块二任务六

★ 活动一：课前准备

一、碧峰峡生态旅游景区（点）简介

碧峰峡生态旅游景区（点）位于四川省雅安市雨城区碧峰峡镇，由中国大熊猫保护研究中心雅安碧峰峡基地、野生动物园和生态峡谷景区组成，是全国科普教育基地、全国旅游服务标准化示范试点单位、四川省省级生态旅游示范区。2020年，碧峰峡被文化和旅游部确定为国家AAAAA级旅游景区。

中国大熊猫保护研究中心雅安碧峰峡基地是中国大熊猫保护研究中心的一个分基地，集科研、繁殖、旅游等功能于一体，分为白熊坪、幼儿园和海归大熊猫乐园三个展示参观区。

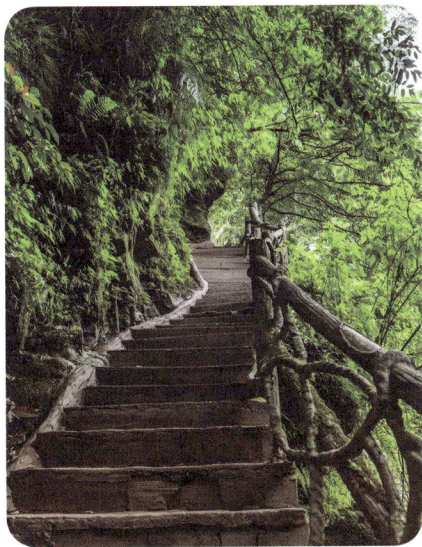

碧峰峡野生动物园由车行猛兽观光区、温驯动物步行游览区和动物行为展示区组成，是四川唯一的野生动物园，也是全国第一家生态型野生动物园。

碧峰峡生态峡谷景区由左右两条峡谷组成，左峡谷长7千米，右峡谷长6千米，呈V字形，是一个封闭式的可循环游览景区。景区内林木葱郁，景色秀雅，空气中含有大量的负氧离子，是休闲度假、避暑纳凉的绝佳之地。

二、实训前的准备

1. 物质准备：讲解证、导游旗、随身包、记事本、碧峰峡生态旅游景区（点）游览路线图、无线讲解器、遮阳伞（雨伞）等。

2. 心理准备：充满自信，告诉自己一定能完成接待任务，坚定吃苦耐劳的信念，了解游客的基本信息和需求，分析碧峰峡生态旅游景区（点）的哪些方面最令游客感兴趣，熟悉碧峰峡生态旅游景区（点）的讲解词范文。

3. 形象准备：衣着整洁、大方，男士不得留胡须，女士不得化浓妆、留长指甲。

4. 仔细核实接待计划，根据游客的特点，设定团型，并选择适合的讲解风格。

★ 活动二：范文赏析及实操训练

📖 范文赏析

碧峰峡生态旅游景区（点）讲解词

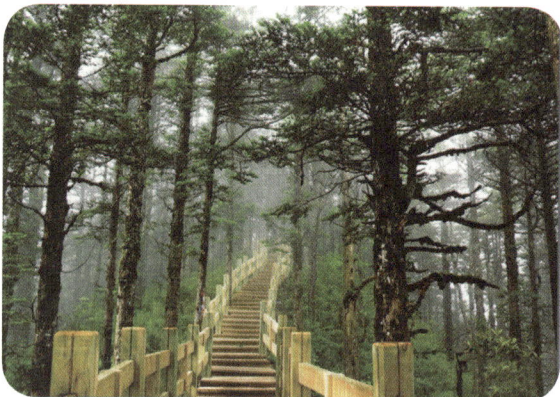

各位游客大家好，欢迎来到碧峰峡生态旅游景区。我是讲解员小王，今天将由我带领各位参观游览。碧峰峡景区位于四川省雅安市北部，因林木葱茏、四季青碧而得名。

碧峰峡景区主要包括大熊猫基地、野生动物园和生态峡谷三部分。生态峡谷景区主要由两条峡谷构成，左峡谷主要有白龙潭瀑布、女娲池、小西天、淘金滩、十指补天峰等景点，右峡谷主要有鸳鸯瀑布、天河、雅女园、映日潭等景点。在峡谷内环绕旅游，可领略险、奇、秀、幽之原始风貌。在这里，您能呼吸群山幽谷酝酿的高负氧离子空气，发现万古犹存的补天遗迹，听到那些美丽的传说。碧峰峡景区犹如一首空灵的朦胧诗、一幅淡雅的水墨画，等待您去品味，去赏析。

今天我们主要游览左峡谷的景点。

白龙潭瀑布高约30米，宽约10米，从悬崖奔流而下，溅起漫天水花，如白龙腾飞，气势如虹，瀑声震彻山谷。女娲池在白龙潭瀑布下方，是白龙潭瀑布多年冲刷而形成的一片开阔潭地。女娲池池水清澈碧蓝，周围青山绿树环绕，很适宜人们休憩。相传，西蜀天漏，女娲乘彩凤驾云车，四处奔波，炼石补天。日暮，忽于云端见雅州之碧峰峡山灵水秀，尤其有一池银瀑高悬，碧水平铺，飞沫如岚，银鳞万点，宛若瑶池，遂倦意立生，于是下云车，掬清波，一洗铅华。

…………

顺着赭色的游道拾级而上，透过绿荫我们可以看到些翘角飞檐，那就是远离凡俗的"小西天"了。十多幢古色古香的亭台楼阁在扶疏花木的掩映下犹如玉宇琼楼纤尘不染。淡青色的盖瓦、木本色的扶栏，隐现于山顶飘忽来去的云烟之间，清绝出尘，仿若世外桃源。春季繁花似锦，燕舞莺啼，悦耳的鸟鸣声在山谷间回荡；夏季绿意盎然，流水潺潺，您可以观涛听雨，避暑纳凉；秋季红叶如霞似火，令人陶醉；冬季云雾氤氲，犹如仙境。

…………

大家请看，这里就是淘金滩了。此溪源于九里岩，其岩蕴存沙金，金随水而下积淀于此，世人淘之。此为古人淘金之所，今人喜欢在此地洗手去污，趣称"金盆洗手"。环顾此地，您会发现左右各有五座如指的山峰，恰似我们正被女娲捧在手心。传说，远古时候，女娲用黄土捏出人和动物，让他们在大地上快乐地生活。后来，水神和火神为了争夺帝位，进行了激烈争斗。在混战中，天柱被撞折了，天幕被撕裂了，倾盆大雨从天而降，滚滚洪水席卷而来，人与动物面临灭顶之灾。这时，伟大的女娲挺身而出，炼五彩石补天漏，引七星针缝云衣，昼夜不停地奔波于天地之间，废寝忘食地补天。眼看到了最后关头，补到雅安时，由于气血耗尽，她倒下了。由于女娲来不及补上雅安的天缝，所以雅安几乎常年飘雨。女娲死后，她的身体化为碧峰峡的幽幽峡谷，她的双手变成了十座青青的山峦，这就是"十指补天峰"。

好了，我对碧峰峡的介绍就全部结束了。接下来的时间是自由活动的时间，愿碧峰峡的灵山秀水给您留下一段难忘的回忆。碧峰峡景区的美食需要您亲自品尝。中午12点30分，请大家到景区大门口集合，我们将前往风味餐厅品尝砂锅雅鱼炖豆腐。

实操训练

一、阅读范文，自主创作

1.阅读碧峰峡生态旅游景区（点）简介和讲解词范文，熟悉景区（点）的概况，将范文中提到的景点整理出来，然后构思讲解方式，尝试按范文进行模拟讲解。

2.搜集关于本旅游景区（点）的零散素材，按照导游词的写作格式和要求，根据自己的讲解风格和表达习惯，设定相应团型，完成对碧峰峡生态旅游景区（点）讲解词的分析梳理或改写创作。

二、分解练习

1.朗读范文或自己按要求撰写的讲解词，规范读音，理顺语句，运用恰当的讲解方式和技巧，初步练习对碧峰峡生态旅游景区（点）的讲解。

2.熟记碧峰峡生态旅游景区（点）的地理位置、特色景点等。

3.分段落记忆与背诵讲解词，通过反复练习，逐步完成对碧峰峡生态旅游景区（点）的流畅讲解。

⭐ 活动三：考核评价

将学生分成若干小组，每组6人，一人担任讲解员，其他人扮演游客，进行模拟讲解实操训练。组内成员轮流担任讲解员，模拟讲解完毕后，填写任务评价表。

【任务评价】

评价项目	自我评定	小组评定	教师评定
仪容仪表（10分）			
礼节礼貌（15分）			
语音语调（10分）			
口头表达（20分）			
体态语言（10分）			
讲解内容（20分）			
讲解技巧（15分）			
总评（等级评定）			
等级评定：优（90分及以上）、良（80~89分）、中（70~79分）、合格（60~69分）、不合格（60分以下）			

【实训心得】

_____

_____

_____

_____

_____

任务七　成都蒲江嘉竹绿茶园生态旅游景区（点）导游词讲解实操训练

模块二任务七

⭐ 活动一：课前准备

一、成都蒲江嘉竹绿茶园生态旅游景区（点）简介

蒲江，川西平原一颗璀璨的明珠、天府之国的骄子，是三千年古盐井所在地，也是宋代理学家魏了翁先生和抗日名将李家钰的故乡。这里历史悠久、人杰地灵、山青水绿、林幽鹤翔，是国家级生态建设示范区，享有"绿色蒲江，天然氧吧"之美誉。嘉竹绿茶园位于蒲江县成佳镇同心村，是蒲江县生态茶园观光区，也是蒲江县"人生如茶"廉政文化教育示范基地。

阳春三月，茶芽初展，嘉竹绿茶园空气宜人，环境清幽，生机盎然。游客可以在茶园内漫步，感受春天的气息，也可以体验采茶活动，观看干茶手工制作过程和现代化加工流程，欣赏茶艺表演，品饮早春绿茶，学习中国传统茶文化。

嘉竹绿茶园是马尾松与茶树共生的茶场，远山薄雾、水色氤氲，恰是一方幽然净土。马尾松与茶树在此相互滋养，喜光的马尾松环抱喜阴的茶树，促进了叶片中氨基酸的合成，孕育出了嘉竹绿茶健康自然的纯真品质。

二、实训前的准备

1. 物质准备：讲解证、导游旗、随身包、记事本、成都蒲江嘉竹绿茶园生态旅游景区（点）游览路线图、无线讲解器、遮阳伞（雨伞）等。

2. 心理准备：充满自信，告诉自己一定能完成接待任务，坚定吃苦耐劳的信念，了解游客的基本信息和需求，分析成都蒲江嘉竹绿茶园生态旅游景区（点）的哪些方面最令游客感兴趣，熟悉成都蒲江嘉竹绿茶园生态旅游景区（点）的讲解词范文。

3. 形象准备：衣着整洁、大方，男士不得留胡须，女士不得化浓妆、留长指甲。

4. 仔细核实接待计划，根据游客的特点，设定团型，并选择适合的讲解风格。

★ **活动二：范文赏析及实操训练**

📖 **范文赏析**

成都蒲江嘉竹绿茶园生态旅游景区（点）讲解词

各位游客大家好，欢迎来到蒲江嘉竹绿茶园。浦江嘉竹绿茶园坐落在蒲江县成佳镇同心村，这里茶山绵延，就像绿色的海洋。茶海尽头，马尾松把游弋的白云扯下，为天与地勾勒如梦的界线。每日晨曦微露时，露珠缀满茶树，好似星辰坠下，在此流连。茶园内空气芬芳扑面，清朗得让人遗忘了时间。

现在大家所看到的"同心亭"，就是以村名命名的，包含着希望茶农、企业、政府三方同心协力，共同将蒲江茶业做大做强的寓意。同心亭上有副对联："蜀山茶称圣，蒲江味独珍。"这副对联赞誉了蒲江茶叶的高品质。大家有兴趣的，可以在此拍照留念。

各位请随我走进茶园。俗话说："高山云雾出好茶。"这里的海拔为 800~1200 米，并且这里距离"雨城"雅安很近，

雨水充沛，全年云雾缭绕的天气可达 300 天，非常适宜种茶。大家看到的这一片区，就是全球有机绿茶顶级品牌"蒲江雀舌"的核心产区。所以说，好山、好水、好环境，才孕育出了蒲江川西名茶。

请大家猜猜，茶园当中那一块一块的黄板是干什么用的呢？有朋友说是防风的，也有朋友说是挡太阳的，还有朋友说是防雾的。大家讲了这么多，但都不是正确答案。其实，这些黄板是防虫设备，这采用的是一种非常实用的物理防虫法。大家都知道，在春天如果穿黄色的衣服，就很容易招虫，黄板就是利用害虫的趋黄性，把茶蚜、黑刺粉虱等害虫粘住，以免它们破坏茶叶。

另外，我还要跟大家分享嘉竹绿茶园另一个特别之处。大家往远处看，有没有发现嘉竹绿茶园和其他茶园不一样的地方呢？对，有朋友发现了，我们的茶树与松树是在一起生长的。这是为什么呢？其实，这里就是马尾松与茶树共生的茶场。马尾松与茶树在此相互滋养，喜光的马尾松环抱喜阴的茶树，促进了叶片中氨基酸的合成，孕育出了嘉竹绿茶健康自然的纯真品质。嘉竹绿茶园远离尘世喧嚣，寒来暑往，冬去春来，勤劳的采茶人祖祖辈辈在茶场间劳作。今天的嘉竹茶业引入了全新的发展模式，运用科学的生产和管理办法，新一代的茶农已经转化为职业化、专业化的茶业产业链工人。但是，源自青山绿水的淳朴民风从未离开过这片土地。在当地，"种好茶、养好茶、采好茶"早已成为人们的生活理念，深深嵌在嘉竹茶人的灵魂中。

另外，嘉竹绿茶园苛刻的采摘标准，成就了嘉竹绿茶的特有价值。2009 年，嘉竹绿茶园以其优异的品质取得了国家地理标志保护产品"蒲江雀舌"的使用权，先后生产了一系列包括 318 雀舌、春分雀舌、明前雀舌及玉芽等明星品牌在内的高端明前绿茶。其中，318 雀舌先后荣获诸多国际国内名优茶评比金奖。

大家想不想体验一下采茶的乐趣？首先请大家把手洗干净，系上竹篓，戴上斗笠，随我一起去采茶吧。我们今天要采的茶是要制作蒲江雀舌的单芽。我们要提手采，不能用手掐，否则会伤害到芽根，影响汤色和叶底，采下芽头后要及时放入竹篓。若放在手中时间过长，人体的温度会使芽头发酵变红，从而影响茶叶的质量。各位朋友，45000 个芽头才能做成一斤干茶哦，可谓"根根皆辛苦"。

好了，接下来让我们了解一下茶叶的加工步骤吧。

　　绿茶的加工可以简单地分为杀青、揉捻和干燥三个步骤。杀青是茶叶形状和品质形成的关键步骤。杀青的目的是利用高温来钝化鲜叶中酶的活性，从而抑制鲜叶中茶多酚的酶促氧化，使鲜叶的色泽保持翠绿；在叶温升高的过程中促进鲜叶中内含物质的转化，散去青臭气，孕育茶香；蒸发叶片内的部分水分，使叶片变软，为揉捻造型创造条件。不同的杀青方法以及杀青技术会对茶叶品质产生很大的影响。绿茶的杀青方法有热锅杀青、热风杀青、蒸汽杀青等，这些方法会产生不同品质的绿茶。揉捻是开始塑造绿茶外形的第一道工序，利用外力作用，破坏叶细胞，使叶片变得轻柔，然后卷转成条，缩小体积；也可用机器将叶片轻搓成针形，或者利用扁形炒制机制出扁形的绿茶。揉捻工序在破坏叶细胞的同时会使得一部分茶汁附着于叶片表面，从而可以提高茶叶的滋味和浓度。制作绿茶的揉捻工序有冷揉和热揉之分。冷揉是在杀青后将茶叶摊凉再揉捻，热揉是在杀青后趁热揉捻。

　　干燥一般采取炒干、烘干、晒干等方式。炒干分为滚干和用锅炒干，而烘干一般利用烘干机和无烟炭。用不同方法干燥的绿茶在香型、色泽，甚至滋味上有明显的差异。

　　了解了绿茶的加工步骤后，大家想不想体验一下手工制作绿茶呢？大家可以把自己亲手采摘的芽叶制作成手工茶，然后带回家和亲朋好友一起分享。

　　好的，亲身体验之后，我们对茶叶有了更深的了解。那接下来我要带大家参观的是嘉竹绿茶园的成品展示区。展区内不仅有嘉竹318雀舌、嘉竹一号、蒲江红等各类嘉竹好茶，还有以嘉竹茶叶为原材料制作的多款茶点，各位可以随意选购。大家选好后请随我前往餐厅用午餐，午餐是嘉竹绿茶园乡村生态茶宴。祝大家用餐愉快。

实操训练

一、阅读范文，自主创作

1.阅读成都蒲江嘉竹绿茶园生态旅游景区（点）简介和讲解词范文，熟悉景区（点）的概况，将范文中提到的有关采茶、制茶的知识点整理出来，然后构思讲解方式，尝试按范文进行模拟讲解。

2.搜集关于本旅游景区（点）的零散素材，按照导游词的写作格式和要求，根据自己的讲解风格和表达习惯，设定相应团型，完成对成都蒲江嘉竹绿茶园生态旅游景区（点）讲解词的分析梳理或改写创作。

二、分解练习

1. 朗读范文或自己按要求撰写的讲解词，规范读音，理顺语句，运用恰当的讲解方式和技巧，初步练习对成都蒲江嘉竹绿茶园生态旅游景区（点）的讲解。

2. 熟记成都蒲江嘉竹绿茶园生态旅游景区（点）的地理位置，有关采茶、制茶的知识点等。

3. 分段落记忆与背诵讲解词，通过反复练习，逐步完成对成都蒲江嘉竹绿茶园生态旅游景区（点）的流畅讲解。

★ 活动三：考核评价

将学生分成若干小组，每组 6 人，一人担任讲解员，其他人扮演游客，进行模拟讲解实操训练。组内成员轮流担任讲解员，模拟讲解完毕后，填写任务评价表。

【任务评价】

评价项目	自我评定	小组评定	教师评定
仪容仪表（10 分）			
礼节礼貌（15 分）			
语音语调（10 分）			
口头表达（20 分）			
体态语言（10 分）			
讲解内容（20 分）			
讲解技巧（15 分）			
总评（等级评定）			
等级评定：优（90 分及以上）、良（80~89 分）、中（70~79 分）、合格（60~69 分）、不合格（60 分以下）			

【实训心得】

_____

_____

_____

_____

_____

任务八　稻城亚丁生态旅游景区（点）导游词讲解实操训练

⭐ 活动一：课前准备

一、稻城亚丁生态旅游景区（点）简介

模块二任务八

稻城亚丁风景区位于四川省甘孜藏族自治州西南部，地处著名的青藏高原东部、横断山脉中段，是集雪山、冰川、海子、草甸、森林等高原风光于一体的自然生态保护区。"亚丁"的藏语意为"向阳之地"。稻城亚丁风景区，是国家 AAAAA 级旅游景区，是中国目前保存最完整、最原始的高山自然生态系统之一，呈现出美丽的高山峡谷自然风光。稻城亚丁有三大雪山——仙乃日、央迈勇、夏诺多吉，它们被视为守护亚丁人民的神山。雪山被五彩的森林映衬着，在山谷湖泊中投下倒影，这样的美景在稻城亚丁随处可见。走进稻城亚丁，犹如走进了油画般的仙境。稻城亚丁还有三个著名的海子，分别是牛奶海、五色海、珍珠海。它们是由雪水汇成的湖泊，美得让人心醉。

稻城亚丁风景区由于地形复杂，加之海拔相差较大，从河谷亚热带到高山寒带，横跨五个自然气候带，经长期演化，形成了多种植被类型。地狱谷中的情人树堪称植物界的奇观。风景区内的动物主要以高山动物和森林动物为主。

稻城亚丁于 1996 年 3 月经稻城县人民政府批准，成为县级自然保护区；1997 年 5 月，经甘孜藏族自治州人民政府批准，成为州级自然保护区；1997 年 12 月，经四川省人民政府批准，成为省级自然保护区；2001 年 6 月，经国务院批准，成为国家级自然保护区。2003 年 7 月，联合国教科文组织人与生物圈执行局在巴黎会议上，把稻城亚丁列入联合国人与生物圈保护计划，由此稻城亚丁正式加入世界人与生物圈保护区网络。

二、实训前的准备

1. 物质准备：讲解证、导游旗、随身包、记事本、稻城亚丁生态旅游景区（点）游览路线图、无线讲解器、遮阳伞（雨伞）等。

2. 心理准备：充满自信，告诉自己一定能完成接待任务，坚定吃苦耐劳的信念，了解游客的基本信息和需求，分析稻城亚丁生态旅游景区（点）的哪些方面最令游客感兴趣，熟悉稻城亚丁生态旅游景区（点）的讲解词范文。

3. 形象准备：衣着整洁、大方，男士不得留胡须，女士不得化浓妆、留长指甲。

4.仔细核实接待计划，根据游客的特点，设定团型，并选择适合的讲解风格。

★ 活动二：范文赏析及实操训练

📖 范文赏析

稻城亚丁生态旅游景区（点）之稻城神峰讲解词

各位游客大家好，欢迎来到稻城亚丁旅游。稻城亚丁景区内美景众多，主要以仙乃日、央迈勇、夏诺多吉三座雪山为核心区。这北峰叫仙乃日，是稻城亚丁景区三大高峰之首。仙乃日是典型的向斜山，向斜轴线通过仙乃日雪山主峰。山体的顶部接近水平，两侧略微上翘，没有明显的尖锐角峰，远远望去像一只振翅欲飞的神鹰。南峰叫央迈勇，看上去略呈弧形，其角峰呈圆锥形，东坡陡峭，西坡和缓。央迈勇通体由白雪覆盖，散发着超凡脱俗的美感。东峰叫夏诺多吉，其主峰呈三棱锥形，造型接近金字塔。角峰下有两条规模巨大的悬谷冰川，淡蓝色的冰舌悬挂陡崖。雪峰下为冰川崩落形成的倒石堆，其上生长着雪莲等植物。

我们稻城神峰的美，不同于珠穆朗玛峰的苍劲雄奇，也不同于梅里雪山的艰险诡秘，而在于它独特的神秘色彩。这片美丽的土地上一直流传着一个关于神峰的传说。有一座雪山叫三怙主雪山，在蒙自乡机能村北面的山峰中，也是由品字形排列的三座山峰组成的，与现在稻城亚丁保护区内的三座雪山极为相似。气温上升，冰雪消融，机能村北面的这三座山峰就失去了往日的风采，于是佛让三位雪山真神到亚丁去。三位真神不愿意离开住惯了的圣地，但也不能违抗佛的旨意，只好答应并问佛：什么时候离开去亚丁？佛说：只要石头开花，马生角，你们全身变黑，周围成为花地，你们就必须离开。当时机能村北面的那三座山峰就呈现出"石头开花，马生角，他们全身变黑，周围成为花地"的模样，所以三位真神就从机能村北面到了现在的亚丁，成为这里的三座神山。如果生态环境被破坏，全球气温上升，雪山就要融化，而没有冰雪的山峰，不就是黑色的石头吗？当出现了这样的情况，原来的大雪山还会有吗？肯定就没有了。如果没有了，那雪山之神还能在原地待下去吗？肯定也不能，必须离开到环境好的地方去。这就是借佛的嘴，告诉人们保护环境的重要性。

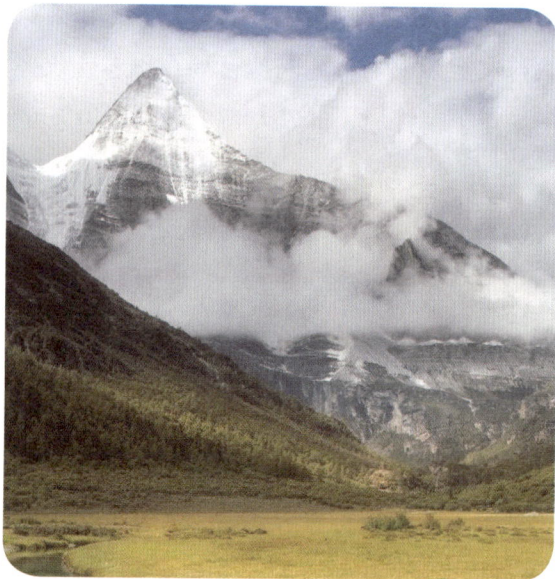

各位朋友，听了这个故事，大家对环境保护有啥感悟呢？让我们带着这份思考，继续参观下一个景点吧。

实操训练

一、阅读范文，自主创作

1.阅读稻城亚丁生态旅游景区（点）简介和讲解词范文，熟悉景区（点）的概况，将范文中提到的景点整理出来，然后构思讲解方式，尝试按范文进行模拟讲解。

2.搜集关于本旅游景区（点）的零散素材，按照导游词的写作格式和要求，根据自己的讲解风格和表达习惯，设定相应团型，完成对稻城亚丁生态旅游景区（点）讲解词的分析梳理或改写创作。

二、分解练习

1.朗读范文或自己按要求撰写的讲解词，规范读音，理顺语句，运用恰当的讲解方式和技巧，初步练习对稻城亚丁生态旅游景区（点）的讲解。

2.熟记稻城亚丁生态旅游景区（点）的地理位置、特色景点等。

3.分段落记忆与背诵讲解词，通过反复练习，逐步完成对稻城亚丁生态旅游景区（点）的流畅讲解。

★ 活动三：考核评价

将学生分成若干小组，每组6人，一人担任讲解员，其他人扮演游客，进行模拟讲解实操训练。组内成员轮流担任讲解员，模拟讲解完毕后，填写任务评价表。

【任务评价】

评价项目	自我评定	小组评定	教师评定
仪容仪表（10分）			
礼节礼貌（15分）			
语音语调（10分）			
口头表达（20分）			
体态语言（10分）			
讲解内容（20分）			
讲解技巧（15分）			
总评（等级评定）			
等级评定：优（90分及以上）、良（80~89分）、中（70~79分）、合格（60~69分）、不合格（60分以下）			

【实训心得】

_____

_____

_____

_____

_____

_____

任务九　成都大熊猫繁育研究基地
导游词讲解实操训练

模块二任务九

★ 活动一：课前准备

一、成都大熊猫繁育研究基地简介

成都大熊猫繁育研究基地位于四川省成都市成华区，距市中心（天府广场）约 10 千米，距双流国际机场约 30 千米，距天府国际机场约 70 千米。成都大熊猫繁育研究基地是世界著名的大熊猫迁地保护基地、科研繁育基地、科普教育基地和文化旅游基地，作为"大熊猫迁地保护生态示范工程"，以保护和繁育大熊猫、小熊猫等中国特有易（濒）危野生动物闻名于世。这里山峦含黛，碧水如镜，林涛阵阵，百鸟谐鸣，被誉为"国宝的自然天堂，我们的世外桃源"。

2000 年，成都大熊猫繁育研究基地在全国野生动物保护系统率先设立科普教育专职部门，2021 年建成开放了全球首家以大熊猫为主题的互动体验专题博物馆，开展或联合开展各类科普教育活动；先后被评为全国科普教育基地、全国青少年科技教育基地、国家生态环境科普基地、"学习强国"科普基地、国家青少年自然教育绿色营地等。2020 年，成都大熊猫繁育研究基地被科技部、中央宣传部、中国科学技术协会评为"全国科普工作先进集体"。

成都大熊猫繁育研究基地都江堰野放繁育研究中心——熊猫谷坐落于都江堰市玉堂街道，毗邻都江堰千年水利工程和道家圣地青城山。那里竹木成荫，溪流潺潺，鸟语花香，自然气候条件得天独厚，拥有 700 余种动植物，是天然的大熊猫野化放归基地。熊猫谷于 2015 年 4 月正式对外开放，现拥有大熊猫生态兽舍、小熊猫生态放养区、回归产房、三圣寺、环湖景观区、科普活动区等动物保护和配套设施。

二、实训前的准备

1.物质准备：讲解证、导游旗、随身包、记事本、成都大熊猫繁育研究基地游览路线图、无线讲解器、遮阳伞（雨伞）等。

2.心理准备：充满自信，告诉自己一定能完成接待任务，坚定吃苦耐劳的信念，了解游客的基本信息和需求，分析成都大熊猫繁育研究基地的哪些方面最令游客感兴趣，熟悉成都大熊猫繁育研究基地的讲解词范文。

3.形象准备：衣着整洁、大方，男士不得留胡须，女士不得化浓妆、留长指甲。

4.仔细核实接待计划，根据游客的特点，设定团型，并选择适合的讲解风格。

★ 活动二：范文赏析及实操训练

📖 范文赏析

成都大熊猫博物馆讲解词

各位游客大家好，您现在来到的是成都大熊猫博物馆。我们都知道大熊猫是国宝，它可爱的形象早已经深深地印在人们心中了。

我们虽然都喜欢大熊猫，又经常在网络媒体上看到它，可您能说出大熊猫身上哪部分是黑色的，哪部分是白色的吗？别看这个问题简单，猛地一问，您还真不见得能回答上来。那我们进去看看吧。大熊猫不仅是中国人民的宝贵财富，在国际上的名望也非常高。世界自然基金会是全球最大的独立性非政府环境保护组织，它把大熊猫作为会徽、会旗的图案。大熊猫主要生活在四川、甘肃、陕西的山区，是中国特有的动物，在国外展出的大熊猫全部是中国赠送或借展的。

随着人类生存地域的扩张，特别是在新石器时代之后，大熊猫的数量不断减少，分布区也一块块地消失。

好了，现在我们已经看到大熊猫了，刚才的问题能回答了吧？大家请看，这大熊猫的眼睛、耳朵、前肢围胸一圈和后肢是黑色的，其他部分是白色的。您记住了吗？别看大熊猫身体笨拙，成天懒洋洋的，据说在野外觅食的时候，它们一天可以走40千米的路呢。大熊猫的主要天敌是豺，但遇上豺后，大熊猫也有自己的绝活。它们会选择一棵大树作后盾，一屁股坐在树根处，防止敌人从后面袭击自己，然后用它们的大肉掌猛击豺的脑门，打得豺晕头转向，然后大熊猫趁机用前脚抱住头缩成一团，顺着山坡滚下去，或者转身快速爬上树顶。这么一来，豺就拿它们没办法了。

大熊猫除了竹子还吃其他东西吗？其实远古时期的大熊猫是食肉动物，后来随着生活环境的改变才改吃竹子的，现在大熊猫每天除了吃竹子外，还会吃大米、窝头、牛奶、蔬菜、水果以及蜂蜜等。我们的饲养员对待大熊猫就像对待自己的孩子一样，无微不至地关怀和照顾着它们。它们一天当中有一半时间都在吃，其余时间不是在玩就是在睡觉。大熊猫和人一样有不同的性格，有的温驯，有的急躁，有的内向，有的外向，但总的来说大熊猫这种动物非常聪明，记性也好。每天快到吃饭点的时候，它们就会坐立不安，稍微晚点儿开饭，它们就会敲打铁门，以催促饲养员喂食。是不是很有趣？

好了，成都大熊猫博物馆就给您介绍到这儿啦。各位随意参观拍照，30分钟后请随我到下一个景点。

实操训练

一、阅读范文，自主创作

1. 阅读成都大熊猫繁育研究基地简介和讲解词范文，熟悉成都大熊猫繁育研究基地的概况，将范文中提到的知识点整理出来，然后构思讲解方式，尝试按范文进行模拟讲解。

2. 搜集关于成都大熊猫繁育研究基地的零散素材，按照导游词的写作格式和要求，根据自己的讲解风格和表达习惯，设定相应团型，完成对成都大熊猫繁育研究基地讲解词的分析梳理或改写创作。

二、分解练习

1. 朗读范文或自己按要求撰写的讲解词，规范读音，理顺语句，运用恰当的讲解方式和技巧，初步练习对成都大熊猫繁育研究基地的讲解。

2. 熟记成都大熊猫繁育研究基地的地理位置、大熊猫的生活习性等。

3. 分段落记忆与背诵讲解词，通过反复练习，逐步完成对成都大熊猫繁育研究基地的流畅讲解。

活动三：考核评价

将学生分成若干小组，每组6人，一人担任讲解员，其他人扮演游客，进行模拟讲解实操训练。组内成员轮流担任讲解员，模拟讲解完毕后，填写任务评价表。

【任务评价】

评价项目	自我评定	小组评定	教师评定
仪容仪表（10分）			
礼节礼貌（15分）			
语音语调（10分）			
口头表达（20分）			
体态语言（10分）			
讲解内容（20分）			
讲解技巧（15分）			
总评（等级评定）			
等级评定：优（90分及以上）、良（80~89分）、中（70~79分）、合格（60~69分）、不合格（60分以下）			

【实训心得】

_____

_____

_____

_____

_____

_____

模块三 古街（镇）旅游景区（点）导游词讲解实操训练

素养目标：

★ 坚定理想信念，传承中华优秀传统文化，自觉树立和践行社会主义核心价值观，提高使命感与责任感，强化学习能力和社会实践能力

★ 提高积极宣传古街（镇）文化以及热爱家乡的意识

知识目标：

★ 了解古街（镇）代表性景区（点）的概况

★ 掌握古街（镇）代表性景区（点）的基本特征和讲解技巧

能力目标：

★ 能在讲解时注重礼仪

★ 能熟练地运用讲解技巧进行趣味讲解

★ 能在讲解服务中熟练地应对各种突发事件

模块导入

新手的囧事

　　小张一行十人到成都黄龙溪古镇旅游，当地讲解员小王前去接待。因为是第一次接待团队，且小王的前期准备工作做得不充分，所以在接到客人后，他只大致介绍了古镇的概况，然后就开始见到什么说什么。客人对古镇的历史很感兴趣，但是小王讲不出来，于是就让大家上船喝茶，大家纷纷表示没有兴趣，建议自由活动。小王只好安排大家一小时后在门口集合。这次不成功的讲解服务让小王感到无地自容。

　　……

模块任务

学生通过学习本模块的知识，完成以下任务。

任务一：掌握古街（镇）的基础知识，并完成【任务评价】和【实训心得】的填写。

任务二：参照浙江南浔古镇的模拟讲解词范文，完成对浙江南浔古镇的导游词讲解实操训练，并完成【任务评价】和【实训心得】的填写。

任务三：参照成都黄龙溪古镇的模拟讲解词范文，完成对成都黄龙溪古镇的导游词讲解实操训练，并完成【任务评价】和【实训心得】的填写。

任务四：参照成都平乐古镇的模拟讲解词范文，完成对成都平乐古镇的导游词讲解实操训练，并完成【任务评价】和【实训心得】的填写。

任务五：参照拉萨八廓街的模拟讲解词范文，完成对拉萨八廓街的导游词讲解实操训练，并完成【任务评价】和【实训心得】的填写。

任务六：参照成都宽窄巷子的模拟讲解词范文，完成对成都宽窄巷子的导游词讲解实操训练，并完成【任务评价】和【实训心得】的填写。

任务七：参照成都锦里古街的模拟讲解词范文，完成对成都锦里古街的导游词讲解实操训练，并完成【任务评价】和【实训心得】的填写。

任务八：参照成都安仁古镇的模拟讲解词范文，完成对成都安仁古镇的导游词讲解实操训练，并完成【任务评价】和【实训心得】的填写。

任务九：参照四川阆中古城的模拟讲解词范文，完成对四川阆中古城的导游词讲解实操训练，并完成【任务评价】和【实训心得】的填写。

任务一 古街（镇）的基础知识

★ 活动一：课前准备

1.学生通过报纸、杂志、网络等途径收集自己家乡的或自己熟知的古街（镇）旅游景区（点）的相关资料。

2.学生尝试独立完成一篇古街（镇）旅游景区（点）讲解词。

3.想一想：讲解员在讲解古街（镇）旅游景区（点）时可以从哪些方面入手？

★ 活动二：知识学习

一、古（街）镇的内涵

古（街）镇，是指具有百年以上历史、独特历史文化和发展历程的，保存较为完整的，以古建筑、古民风、古文化等为特色的建制镇、村落或街道。一般情况下，古街与古镇是并存的。古街作为古镇的一部分存在，是对传统文化的一种传承和记载。

二、古镇的分类

中国古镇主要分为以下几种类型。

1. 历史遗迹类小镇

这类古镇不仅有着悠久的历史，还承载着重要的文化价值，如茶峒、青木川镇、荆紫关古镇等。

2. 文化艺术类小镇

这类古镇以独特的艺术形式吸引了大量的游客，是文化艺术传承和发展的典型代表，如河北吴桥（杂技之乡）、山东惠民（绳网之乡）等。

3. 特色建筑类小镇

这类古镇以独特的建筑风格著称，是研究中国传统建筑的重要场所，如凤凰古城、芙蓉镇等。

4. 特色产品类小镇

这类古镇因生产某种特色产品而闻名，是中国传统手工业的重要传承地，如山东潍坊（风筝之都）、江西景德镇（瓷都）等。

5. 优美环境类小镇

这类古镇以优美的自然环境和宜人的气候著称，是旅游和休闲的胜地，如乌镇、丽江古城等。

三、中国十大古街

2009 年 3 月，"首届中国历史文化名街推介活动"初评会结束，共有拉萨八廓街、北京国子监街等 16 条街道入围。接下来，由公众和专家从 16 条初评入围街道中选出 10 个，入选首批"中国历史文化名街"，终评结果于 2009 年 6 月向全社会公布。它们分别是拉萨八廓街、苏州平江路、黄山屯溪老街、福州三坊七巷、北京国子监街、哈尔滨中央大街、海口骑楼老街、青岛八大关、平遥南大街、青州昭德古街区。

★ 活动三：考核评价

【大讨论】

1. 你知道国内哪些著名古街（镇）？

2. 南方古街（镇）与北方古街（镇）有哪些不同之处？

3. 四川有哪些著名的古街（镇）？

【任务评价】

评价项目	自我评定	小组评定	教师评定
说出 10 个著名古街（镇）（50 分）			
阐述南方古街（镇）与北方古街（镇）的区别（50 分）			
总评（等级评定）			
等级评定：优（90 分及以上）、良（80~89 分）、中（70~79 分）、合格（60~69 分）、不合格（60 分以下）			

【实训心得】

_____

_____

_____

_____

_____

_____

任务二 浙江南浔古镇导游词讲解实操训练

模块三任务二

★ 活动一：课前准备

一、南浔古镇简介

南浔古镇位于浙江省湖州市东部，是蚕桑业中心之一，盛产蚕丝，尤以"辑里湖丝"著名。南浔古镇既拥有深厚的历史文化底蕴，又洋溢着江南水乡诗画一般的神韵。南浔古镇的名胜古迹有嘉业藏书楼、小莲庄、张静江故居、张石铭旧宅、百间楼等。

二、实训前的准备

1. 物质准备：讲解证、导游旗、随身包、记事本、浙江南浔古镇游览路线图、无线讲解器、遮阳伞（雨伞）等。

2. 心理准备：充满自信，告诉自己一定能完成接待任务，坚定吃苦耐劳的信念，了解游客的基本信息和需求，分析浙江南浔古镇的哪些方面最令游客感兴趣，熟悉浙江南浔古镇的讲解词范文。

3. 形象准备：衣着整洁、大方，男士不得留胡须，女士不得化浓妆、留长指甲。

4. 仔细核实接待计划，根据游客的特点，设定团型，并选择适合的讲解风格。

★ 活动二：范文赏析及实操训练

📖 范文赏析

浙江南浔古镇讲解词

各位游客大家好，欢迎来到南浔古镇，我是讲解员小张。现在我发到大家手里的是南浔景区的门票。这个门票是联票，每进一个景点都要检票，所以大家要保管好，不要弄丢了。因为是节假日，所以游客比较多，大家一定要紧跟着我，千万不要走散了。另外，大家要注意保管好自己的贵重物品。现在就请大家同我一起进去参观吧。

湖州是一座具有两千多年历史的江南古城，是中国蚕丝文化、茶文化、湖笔文化的发祥地之一，历来被誉为丝绸之府、鱼米之乡、文化之邦。这里所产的湖丝、双林绫绢闻名中外。湖州具有典雅的江南水乡风貌，其自然景观以"山水清远"见长。深厚的文化底蕴与优美的自然风光使湖州形成了独具特色的市区太湖风情游、长兴文化游、南浔古镇游、莫干山风景游、安吉竹乡游等经典旅游路线。南浔古镇是江南水乡名镇之一，也是驰名中外的辑里湖丝的故乡，其风景优美，历史悠久，人才辈出。古老的石拱桥、夹河的小街小巷、依水而筑的百间楼民居、中西合璧的巨宅宏厦、庭院里的古松翠柏显示着它所经历的岁月。

南浔古镇现为国家 AAAAA 级景区，内有闻名遐迩的江南园林——小莲庄，著名的私家藏书楼——嘉业藏书楼，明清水乡建筑——百间楼，江南第一巨宅——张石铭故居等。这些景点待会儿我们会一一游览。

现在我们所在的这条街上卖的大多是南浔的特产，有橘红糕、定胜糕、野荸荠、五香大头菜等，还有湖笔、丝绸等工艺品。一会儿自由活动的时候，有兴趣的朋友可以慢慢逛。

大家来南浔听说最多的典故可能就是"四象、八牛、七十二金狗"。很多人感到好奇，南浔和"象""牛""狗"有什么关系呢？南浔是中国蚕丝文化的发祥地，它所产的辑里湖丝早在一百多年前就名扬海内外。因为生产经营蚕丝业，所以小小的南浔成为中国近代史上一个罕见的巨富之镇。"四象、八牛、七十二金狗"是中国近代最大的丝商群体的代表。"象""牛""狗"，皆以其身躯之大小，象征着商贾财产的多少。"四象"指"刘家""张家""庞家""顾家"四大家族；"八牛"指邢庚星、周昌大、邱仙槎、陈煦元、金桐、张佩绅、梅鸿吉、邵易森；"七十二金狗"则泛指乡镇其他富商。至于

他们的财产究竟各有多少，民间说法不一。一般来说，"象"指拥有财产价值白银千万两以上的富豪，拥有五百万两以上不足一千万两者被称为"牛"，拥有百万两以上不足五百万两者被称为"金狗"。

在南浔古镇，您不但可以住酒店，享受现代、快捷的住宿服务，还可以住家庭旅馆，切身体会古镇的生活。南浔盛产的河鲜，经当地人巧手烹饪后，色、香、味俱全。您品尝过之后，定会欲罢不能。南浔还盛产竹笋，其做法十分讲究，味道十分鲜美，到了南浔一定不要错过，在一饱口福之余，还可长一些见识。说着说着，刚好到了午餐时间，大家随我去餐厅，一起大快朵颐吧。

📚 实操训练

一、阅读范文，自主创作

1.阅读南浔古镇简介和讲解词范文，熟悉南浔古镇的概况，将范文中提到的景点和知识点整理出来，然后构思讲解方式，尝试按范文进行模拟讲解。

2.搜集关于南浔古镇的零散素材，按照导游词的写作格式和要求，根据自己的讲解风格和表达习惯，设定相应团型，完成对南浔古镇讲解词的分析梳理或改写创作。

二、分解练习

1.朗读范文或自己按要求撰写的讲解词，规范读音，理顺语句，运用恰当的讲解方式和技巧，初步练习对南浔古镇的讲解。

2.熟记南浔古镇的地理位置、特色景点等。

3.分段落记忆与背诵讲解词，通过反复练习，逐步完成对南浔古镇的流畅讲解。

⭐ 活动三：考核评价

将学生分成若干小组，每组 6 人，一人担任讲解员，其他人扮演游客，进行模拟讲解实操训练。组内成员轮流担任讲解员，模拟讲解完毕后，填写任务评价表。

【任务评价】

评价项目	自我评定	小组评定	教师评定
仪容仪表（10 分）			
礼节礼貌（15 分）			
语音语调（10 分）			
口头表达（20 分）			
体态语言（10 分）			
讲解内容（20 分）			
讲解技巧（15 分）			
总评（等级评定）			
等级评定：优（90 分及以上）、良（80~89 分）、中（70~79 分）、合格（60~69 分）、不合格（60 分以下）			

【实训心得】

_____

_____

_____

_____

_____

_____

任务三　成都黄龙溪古镇导游词讲解实操训练

模块三任务三

★ 活动一：课前准备

一、黄龙溪古镇简介

在历史上，黄龙溪因地理位置得天独厚，是成都南方的重要军事重镇和江防要地，也是文人墨客的聚集地，许多历史文化遗迹仍然保存完整。镇上有明清时代的青石板古街，它们与古牌坊、古寺庙、古建筑民居等浑然一体。镇上的传统民俗活动——"烧火龙"，场面恢宏，因而黄龙溪被称为"中国火龙之乡"。

黄龙溪古镇的民俗风情浓郁，以每年正月初二至正月十五的"烧火龙"为最。"火龙"栩栩如生，而家家户户则准备好烟花爆竹，待龙灯临门时，烟花齐射向龙身。表演结束后，众人将龙身烧毁，将残灰撒入江河，以祈求当年风调雨顺。

凭借悠久的历史和深厚的文化底蕴，黄龙溪古镇先后被评为中国民间艺术（火龙）之乡、中国环境优美小城镇、中国民间文化遗产旅游示范区、中国历史文化名镇、国家 AAAA 级旅游景区。

黄龙溪古镇有着丰富的旅游资源。在黄龙溪古镇内，明清时代的建筑比比皆是，且保存完好。青石或红石铺就的街面、木柱青瓦的楼阁房舍、镂刻精美的栏杆窗棂，无不给人以古朴宁静的感受。古镇内还有六棵树龄均在千年以上的大榕树，它们枝繁叶茂，遮天蔽日，雄浑厚重，给古镇增添了许多灵气。古镇内现有保存完好的民居七十六座，大院三座，有金华庵、三县衙门和古戏台等重点文物保护单位，有火龙、府河船工号子、漂河灯、打更等民间风俗。一湖（上河衢田园水村）、两河（府河、鹿溪河）、六寺（镇江寺、潮音寺、古龙寺、大佛寺、观音寺、金华庵）、七街（复兴街、新街、正街、横街、上河街、下河街和仿清街）、九巷（烟市巷、担水巷、扁担巷、篙竿巷、艄公巷、蓑衣巷、鸡脚巷、鱼鳅巷、龙爪巷）组成了充满魅力的黄龙溪，古街、古巷、古树、古庙、古堤堰、古民居、古码头、古战场、古岩墓和古衙门构成了充满旅游特色的黄龙溪。这里是一个集山、水、城于一体的水乡古镇，一个集古、韵、趣于一体的人文古镇，一个体现了依托自然、亲近自然、天人合一思想的宜居古镇。

二、实训前的准备

1. 物质准备：讲解证、导游旗、随身包、记事本、黄龙溪古镇游览路线图、无线讲解器、遮阳伞（雨伞）等。

2. 心理准备：充满自信，告诉自己一定能完成接待任务，坚定吃苦耐劳的信念，了解游客的基本信息和需求，分析黄龙溪古镇的哪些方面最令游客感兴趣，熟悉黄龙溪古镇的讲解词范文。

3. 形象准备：衣着整洁、大方，男士不得留胡须，女士不得化浓妆、留长指甲。

4. 仔细核实接待计划，根据游客的特点，设定团型，并选择适合的讲解风格。

★ 活动二：范文赏析及实操训练

📖 范文赏析

黄龙溪古镇讲解词

各位游客大家好，欢迎来到千年古镇——黄龙溪，我是讲解员小张。古镇位于距成都市区约 40 千米的双流区。远在三国时期，黄龙溪就因交通便利、商贾云集而出名。黄龙溪古镇作为旅游景区的精髓，就在于一个"古"字。它的古街、古庙、古榕树、古衙门、古码头等向慕名至此的游客们述说着它的千年古韵。

我们现在所走的古街，虽然历经千年的变迁，但至今仍保存完整。街面由青石板铺就，平均宽度 3.44 米，汉代的两驾马车可并驾齐驱，可见当时黄龙溪的繁华程度。大家也可以看到，街道两旁的建筑多为明清建筑。一会儿往前面走，大家还可观赏到傍水而筑的"吊脚楼"。

好了，朋友们，现在我们看到的这座气势恢宏，位于正街南首、坐西向东的寺庙，就是黄龙溪修建最早、保存最完整的古龙寺了。从外面看它，门洞低矮，视野狭小，但进去之后您就会发现，

古龙寺场院宽阔，建筑物错落有致。我们进去一看究竟吧！古龙寺的古寺庙、古戏台、古黄葛树有机结合，相得益彰，成为一大特色。

正门上面就是戏台，又名万年台。据说黄龙溪原来有九个戏台，现在仅存这一个。看看，这个戏台与标准的戏台有什么不同之处呢？对，标准的戏台两旁有两个类似耳朵的建筑物，名叫耳楼，但由于场地的限制，这个戏台没有建造耳楼。戏台前面，也就是我们现在站的地方，就是过去人们集会、交易、看戏的院坝。大家不难发现，院坝南北各有一棵黄葛树，据说是千年古树。北边那棵树的树干分权处有约二尺见方的小庙，供奉着"黄葛大仙"。传说只要摸摸树身，即可消灾祛病。南边这棵树，盘根错节，其下严严实实地包裹着一座小土地庙。这两棵古树，在这里呈现出"庙骑树、树裹庙"的奇异景象，堪称天下一绝。黄葛树主要产于我国华南、西南地区，在气候宜人、雨水充沛的川西地区栽培最佳，常用作庭荫树、行道树。大家有没有听到木鱼的敲击声呢？接下来，请跟随我进入古龙寺内参观吧。

📚 实操训练

一、阅读范文，自主创作

1. 阅读黄龙溪古镇简介和讲解词范文，熟悉黄龙溪古镇的概况，将范文中提到的景点和知识点整理出来，然后构思讲解方式，尝试按范文进行模拟讲解。

2. 搜集关于黄龙溪古镇的零散素材，按照导游词的写作格式和要求，根据自己的讲解风格和表达习惯，设定相应团型，完成对黄龙溪古镇讲解词的分析梳理或改写创作。

二、分解练习

1. 朗读范文或自己按要求撰写的讲解词，规范读音，理顺语句，运用恰当的讲解方式和技巧，初步练习对黄龙溪古镇的讲解。

2. 熟记黄龙溪古镇的地理位置、特色景点等。

3. 分段落记忆与背诵讲解词，通过反复练习，逐步完成对黄龙溪古镇的流畅讲解。

★ 活动三：考核评价

将学生分成若干小组，每组6人，一人担任讲解员，其他人扮演游客，进行模拟讲解实操训练。组内成员轮流担任讲解员，模拟讲解完毕后，填写任务评价表。

【任务评价】

评价项目	自我评定	小组评定	教师评定
仪容仪表（10分）			
礼节礼貌（15分）			
语音语调（10分）			
口头表达（20分）			
体态语言（10分）			
讲解内容（20分）			
讲解技巧（15分）			
总评（等级评定）			
等级评定：优（90分及以上）、良（80~89分）、中（70~79分）、合格（60~69分）、不合格（60分以下）			

【实训心得】

_____

_____

_____

_____

_____

任务四　成都平乐古镇导游词讲解实操训练

模块三任务四

★ 活动一：课前准备

一、平乐古镇简介

平乐古镇，古称"平落"。蜀王开明氏时期，这块四面环山的"绿色小盆地"即因修水利、兴农桑而起聚落，后因"平落"与"平乐"谐音而改名为"平乐"，取"平安快乐"之意。

平乐古镇位于成都市所辖邛崃市境内，是邛崃市辖最大的建制镇，素有"一平、二固、三夹关"的美誉。古镇四面环山，中间宛如一个小盆地；属浅丘型地貌，山地、丘陵和坝子各占三分之一；属亚热带季

风气候，气候温和，雨水充沛。全镇及相邻镇乡盛产竹木，竹资源尤为丰富。早在宋代，平乐镇就是远近闻名的纸乡。平乐自古便是茶马古道第一镇、南丝绸之路第一驿站。通过镇内被称为"九古"的古街、古寺、古桥、古树、古堰、古坊、古道、古风、古歌，我们可见其历史的足迹。平乐古镇以古朴的街区和淳朴的川西民风而著称。平乐是国务院六部委 2004 年 2 月命名的全国重点镇和四川省命名的十大古镇之一，也是成都市 30 个重点镇之一，还是邛崃市 2000 年实施的"一山一城一镇"旅游发展规划中的"一镇"。平乐古镇被列为全国历史文化名镇、全国重点镇、全国环境优美镇及成都市"十大魅力城镇"。

二、实训前的准备

1. 物质准备：讲解证、导游旗、随身包、记事本、成都平乐古镇游览路线图、无线讲解器、遮阳伞（雨伞）等。

2. 心理准备：充满自信，告诉自己一定能完成接待任务，坚定吃苦耐劳的信念，了解游客的基本信息和需求，分析平乐古镇的哪些方面最令游客感兴趣，熟悉平乐古镇的讲解词范文。

3. 形象准备：衣着整洁、大方，男士不得留胡须，女士不得化浓妆、留长指甲。

4. 仔细核实接待计划，根据游客的特点，设定团型，并选择适合的讲解风格。

★ 活动二：范文赏析及实操训练

📖 范文赏析

平乐古镇讲解词

各位游客大家好，欢迎来到平乐古镇，我是讲解员小张。在这里，您可以欣赏优美的古镇风光，参与丰富多彩的民俗活动，感受传统文化的魅力。

平乐古镇青山层叠，竹木繁茂，碧水萦绕，鸥鸟出没，四季风景如画。发源于天台山玉宵峰的白沫江自西向北流经古镇，其两岸古木参天，有众多树龄上千年的榕树，远远望去如云盖地。老榕树、白沫江、沿江而建的吊脚楼、青石铺就的街道、一望无涯的竹海……千百年来共同孕育了古镇人的山水情怀，涵养了天然清新的乡土文化。由于特殊的地理位置，平乐古镇自古便成为茶马古道第一镇、南丝绸之路第一驿站。

平乐古称"平落"，落日的落，因四川话"落"与快乐的"乐"谐音，"平乐"逐渐被人们接受。

平乐古镇旅游资源十分丰富，除古镇核心区外，还有五大风景区。其一是位于花楸山风景区的川西地区保存最完好的清代古民居群——李家大院，那里很像陶渊明诗中的世外桃源；其二是金华山风景区，它拥有许多摩崖造像，其中一幅天马行空浮雕图是全国摩崖造像中的精品；其三是秦汉驿道风景区，以秦汉驿道、城隍庙闻名海内外；其四是芦沟自然风景区，它拥有万亩竹海，有"森林氧吧"之称，是避暑纳凉的胜地；其五是金鸡沟风景区，它有造型独特的金鸡桥、原始的自然景观、独特的地理结构及保存完好的造纸作坊遗址，是青少年探幽访古的绝佳之地。

我们现在所处的位置叫乐善街，因连通乐善古桥而得名，是古镇的特色街区。乐善桥建于清同治元年（1862年），桥洞为桃形，是川西一绝。一座古桥，串联起古镇的悠长历史。在历史的进程和城镇的变迁中，乐善桥先后经过两次改建：首先被改建成钢筋混凝土交通桥，之后又被恢复成最初的人行桥样貌。

整修后，钢筋混凝土的地面变成了石台阶，桥两侧护栏高1.4米，桥头的两边扶手上还有与旧时一模一样的石狮子。将乐善桥恢复成人行桥，能减轻负荷，使其拥有更长的寿命。如今，乐善桥的昔日风采得以重现，唤起了人们古老的记忆，也成了古镇的一大亮点，为古镇增添了独特的景致和文化底蕴。

平乐古镇的古巷中隐藏着许多美食店铺。奶汤面是当地的一大特色——用多种食材炖成奶白色的汤，汤如奶汁，色白而浓却不腻，加佐料和煮熟的面制成。汤白肉也是平乐的一道传统美食，通常以猪肉为主要食材，烹饪出的菜品汤色乳白，肉质鲜嫩。

接下来我们就一起去逛街吃美食吧！

📚 实操训练

一、阅读范文，自主创作

1. 阅读平乐古镇简介和讲解词范文，熟悉平乐古镇的概况，将范文中提到的景点和知识点整理出来，然后构思讲解方式，尝试按范文进行模拟讲解。

2. 搜集关于平乐古镇的零散素材，按照导游词的写作格式和要求，根据自己的讲解风格和表达习惯，设定相应团型，完成对平乐古镇讲解词的分析梳理或改写创作。

二、分解练习

1. 朗读范文或自己按要求撰写的讲解词，规范读音，理顺语句，运用恰当的讲解方式和技巧，初步练习对平乐古镇的讲解。

2. 熟记平乐古镇的地理位置、特色景点等。

3.分段落记忆与背诵讲解词，通过反复练习，逐步完成对平乐古镇的流畅讲解。

★ 活动三：考核评价

将学生分成若干小组，每组6人，一人担任讲解员，其他人扮演游客，进行模拟讲解实操训练。组内成员轮流担任讲解员，模拟讲解完毕后，填写任务评价表。

【任务评价】

评价项目	自我评定	小组评定	教师评定
仪容仪表（10分）			
礼节礼貌（15分）			
语音语调（10分）			
口头表达（20分）			
体态语言（10分）			
讲解内容（20分）			
讲解技巧（15分）			
总评（等级评定）			
等级评定：优（90分及以上）、良（80~89分）、中（70~79分）、合格（60~69分）、不合格（60分以下）			

【实训心得】

_____

_____

_____

_____

_____

任务五 拉萨八廓街导游词讲解实操训练

模块三任务五

★ 活动一：课前准备

一、八廓街简介

八廓街，又称八角街，位于西藏自治区首府拉萨城内，是西藏文化艺术和民俗风情的集中展示地。八廓街最初只是一条环绕大昭寺的转经路，藏族人把它称作"圣路"。八廓街长三里，宽三

丈①，呈环形，两侧是藏式民居。这里有浓烈的雪域文化氛围和藏族生活气息，是一条集宗教街、观光街、民俗街、文化街、商业街于一体的古街道，具有很高的历史、文化和艺术价值。在这里，宗教与世俗、传统与时尚相互交融，散发着和谐而统一的魅力。

八廓街保留了拉萨古城的原有风貌，街道由手工打磨的青石板铺成，街道两侧店铺林立，有上百家手工艺品商店和几百个售货摊点，经营商品近千种：有唐卡、铜佛、转经筒、酥油灯、经幡旗、念珠、贡香、松柏枝等宗教用品，卡垫、氆氇、围裙、皮囊、马具、鼻烟壶、火镰、藏被、藏鞋、藏刀、藏帽、酥油、酥油桶、木碗、青稞酒、甜茶、奶渣、风干肉等生活日用品，还有手绢、藏毯等手工艺品，等等。

二、实训前的准备

1. 物质准备：讲解证、导游旗、随身包、记事本、八廓街游览路线图、无线讲解器、遮阳伞（雨伞）等。

2. 心理准备：充满自信，告诉自己一定能完成接待任务，坚定吃苦耐劳的信念，了解游客的基本信息和需求，分析八廓街的哪些方面最令游客感兴趣，熟悉八廓街的讲解词范文。

3. 形象准备：衣着整洁、大方，男士不得留胡须，女士不得化浓妆、留长指甲。

4. 仔细核实接待计划，根据游客的特点，设定团型，并选择适合的讲解风格。

★ 活动二：范文赏析及实操训练

📖 范文赏析

八廓街讲解词

各位游客大家好，欢迎来到圣城拉萨旅游。我是今天的讲解员扎西，愿大家"扎西德勒，吉祥如意"。今天扎西要带大家去参观的是一条集宗教街、观光街、民俗街、文化街、商业街于一体的古街道——八廓街。

八廓街是拉萨最古老的一条街道，也就是通常所说的"八角街"，最初是一条围绕大昭寺的转经道，藏族人民把它称作"圣路"。如今的八廓街既是一条转经道，又是一条充满民族特色的购物长

---

① 1里＝0.5千米　1丈≈3.33米

廊，是一整片旧的、有着浓郁藏族人民生活气息的城区。围绕八廓街逛一圈，您不仅可以随意挑选称心的纪念品，还可以从朝圣者那一步一叩的虔诚中去感受宗教的神秘。

在八廓街上，琳琅满目的商品向人们展示着藏族人民的生活，有唐卡、铜佛、转经筒、酥油灯、经幡旗、念珠、贡香、松柏枝等宗教用品，卡垫、氆氇、围裙、皮囊、马具、鼻烟壶、火镰、藏被、藏鞋、藏刀、藏帽、酥油、酥油桶、木碗、青稞酒、甜茶、奶渣、风干肉等生活用品，还有各种手工艺品。

来到八廓街，有一个地方一定要去看一看，那就是玛吉阿米酒馆。八廓街的建筑大多是白色的，而玛吉阿米酒馆是黄色的。它位于八廓街东南角，是一栋二层小楼。玛吉阿米酒馆是一个具有艺术品位的酒吧，它的墙壁四周贴满了绘画、摄影作品，摆满了手工艺品，书架上有卡夫卡、艾略特等人的原版图书。

八廓街周围的小巷四通八达，像迷宫一样，附近还有下密院、印经院、席德寺废墟、清真寺等宗教文化圣地。

毫不夸张地说，八廓街是了解西藏的窗口，它在默默地述说着拉萨的历史。

好了，我的讲解到此告一段落了，现在给大家一小时的时间游览、拍照，一小时后我们将去下一个景点参观，谢谢大家。

📚 实操训练

一、阅读范文，自主创作

1. 阅读拉萨八廓街简介和讲解词范文，熟悉八廓街的概况，将范文中提到的景点和知识点整理出来，然后构思讲解方式，尝试按范文进行模拟讲解。

2. 搜集关于八廓街的零散素材，按照导游词的写作格式和要求，根据自己的讲解风格和表达习惯，设定相应团型，完成对八廓街讲解词的分析梳理或改写创作。

二、分解练习

1. 朗读范文或自己按要求撰写的讲解词，规范读音，理顺语句，运用恰当的讲解方式和技巧，初步练习对八廓街的讲解。

2. 熟记八廓街的特色商品和八廓街周围的特色景点等。

3. 分段落记忆与背诵讲解词，通过反复练习，逐步完成对八廓街的流畅讲解。

★ 活动三：考核评价

将学生分成若干小组，每组 6 人，一人担任讲解员，其他人扮演游客，进行模拟讲解实操训练。组内成员轮流担任讲解员，模拟讲解完毕后，填写任务评价表。

【任务评价】

评价项目	自我评定	小组评定	教师评定
仪容仪表（10 分）			
礼节礼貌（15 分）			
语音语调（10 分）			
口头表达（20 分）			
体态语言（10 分）			
讲解内容（20 分）			
讲解技巧（15 分）			
总评（等级评定）			
等级评定：优（90 分及以上）、良（80~89 分）、中（70~79 分）、合格（60~69 分）、不合格（60 分以下）			

【实训心得】

_____

_____

_____

_____

_____

_____

任务六　成都宽窄巷子导游词讲解实操训练

模块三任务六

★ 活动一：课前准备

一、宽窄巷子简介

成都宽窄巷子，位于四川省成都市青羊区，由宽巷子、窄巷子、井巷子三条平行排列的老式街道及其间的四合院群落组成。宽窄巷子既有南方川西民居的特色，也有北方游牧民族文化的内

涵，是老成都"千年少城"城市格局和百年原真建筑格局的最后遗存，也成了北方胡同文化在成都以及在中国南方城市的"孤本"。宽窄巷子是成都遗留下来的较成规模的清朝古街道，与大慈寺、文殊院一起被称为成都三大历史文化名城保护街区。宽窄巷子先后获"中国特色商业步行街""四川省历史文化名街""成都新十景""四川十大最美街道"等称号。

二、实训前的准备

1. 物质准备：讲解证、导游旗、随身包、记事本、宽窄巷子游览路线图、无线讲解器、遮阳伞（雨伞）等。

2. 心理准备：充满自信，告诉自己一定能完成接待任务，坚定吃苦耐劳的信念，了解游客的基本信息和需求，分析宽窄巷子的哪些方面最令游客感兴趣，熟悉宽窄巷子的讲解词范文。

3. 形象准备：衣着整洁、大方，男士不得留胡须，女士不得化浓妆、留长指甲。

4. 仔细核实接待计划，根据游客的特点，设定团型，并选择适合的讲解风格。

★ 活动二：范文赏析及实操训练

📖 范文赏析

成都宽窄巷子讲解词

各位游客大家好，我们现在所在的位置就是成都宽窄巷子。大家看看眼前的街道、房屋，是不是独具特色呢？现在我就给大家介绍一下宽窄巷子吧。

清朝时期，这里被称为满城，也叫少城。居住在满城的主要是八旗子弟，清朝灭亡后，满城不再是禁区，百姓可以自由出入，不少外地商人在满城附近开起了典当铺，大量收购旗人家产，形成了八旗后裔、达官贵人、贩夫走卒同住满城的独特格局，城市肌理由鱼骨状道路和北方胡同的街巷共同形成。当时，宽巷子名为兴仁胡同，窄巷子名为太平胡同，井巷子名为明德胡同。1913年，中华民国政府为消除清朝遗迹的影响，改善城市交通，拆除少城城垣，将胡同之名改为宽巷子、窄巷子、井巷子。20世纪80年代初，宽窄巷子所在片区被纳入《成都历史文化名城保护规划》范围。2003年，成都开展大规模旧城改造，随后启动宽窄巷子历史文化街区改造工作，在保护老成都原有建筑的基础上，形成以休闲旅游为主、具有鲜明地域特色和浓郁巴蜀文化氛围的复合型文化商业街区。

宽窄巷子由宽巷子、窄巷子和井巷子三条平行排列的老式街道及其间的四合院群落组成，与大慈寺、文殊院一起被称为成都三大历史文化名城保护街区。这条清代风格街区见证了老成都的沧桑历史，其建筑风格兼具川西民居与北方四合院的特点。改造后的宽窄巷子整体风貌较为完整，延续了清代川西民居的风格，街道在形态上属于北方胡同式街巷，其主要特色为鱼骨状的道路格局。这种格局便于街道居民自发管理，奠定了安静、悠闲的生活基调。

成都特色小吃在这里都能品尝到，比如麻辣豆花、成都老冰棍、小酥肉、酸辣粉等。这里还有一些小集市，卖的也是成都特产，比如麻将糕点、豆腐干等。

现在给大家留一小时的时间，大家去体验一下成都人的悠闲生活吧。一小时后我们在宽窄巷子出口广场集合。

📚 实操训练

一、阅读范文，自主创作

1.阅读宽窄巷子简介和讲解词范文，熟悉宽窄巷子的概况，将范文中提到的景点和知识点整理出来，然后构思讲解方式，尝试按范文进行模拟讲解。

2.搜集关于宽窄巷子的零散素材，按照导游词的写作格式和要求，根据自己的讲解风格和表达习惯，设定相应团型，完成对宽窄巷子讲解词的分析梳理或改写创作。

二、分解练习

1.朗读范文或自己按要求撰写的讲解词，规范读音，理顺语句，运用恰当的讲解方式和技巧，初步练习对宽窄巷子的讲解。

2.熟记宽窄巷子的地理位置、历史沿革等。

3.分段落记忆与背诵讲解词，通过反复练习，逐步完成对宽窄巷子的流畅讲解。

★ 活动三：考核评价

将学生分成若干小组，每组 6 人，一人担任讲解员，其他人扮演游客，进行模拟讲解实操训练。组内成员轮流担任讲解员，模拟讲解完毕后，填写任务评价表。

【任务评价】

评价项目	自我评定	小组评定	教师评定
仪容仪表（10 分）			
礼节礼貌（15 分）			
语音语调（10 分）			

续表

评价项目	自我评定	小组评定	教师评定
口头表达（20分）			
体态语言（10分）			
讲解内容（20分）			
讲解技巧（15分）			
总评（等级评定）			
等级评定：优（90分及以上）、良（80~89分）、中（70~79分）、合格（60~69分）、不合格（60分以下）			

【实训心得】

_____

_____

_____

_____

_____

任务七　成都锦里古街导游词讲解实操训练

模块三任务七

★ 活动一：课前准备

一、锦里古街简介

锦里古街，位于四川省成都市武侯区，以明末清初川西民居风格为特色，以三国文化与川西民俗文化为内涵，融旅游购物、休闲娱乐于一体，集中形象地展示了四川民俗文化的精髓，是三国文化延伸的一次产业化市场实践。

锦里古街毗邻武侯祠，作为成都旅游的重要组成部分，不仅展现了悠久的历史文化，还为游客提供了一个体验传统四川民俗和品尝地道四川美食的场所。

锦里古街全长约550米，主要包括锦里古街本身、古戏台、锦里小吃街、诸葛井、古牌坊、特色巷道、文化长廊等景点。这些景点不仅展示了锦里的历史风貌，还提供了丰富的文化体验和娱乐活动。例如，古戏台上会定期上演川戏的经典剧目，让游客更多地了解当地文化；锦里小吃街则汇聚了各种四川特色小吃，让游客能够尽情享受美食带来的乐趣。

二、实训前的准备

1. 物质准备：讲解证、导游旗、随身包、记事本、锦里古街游览路线图、无线讲解器、遮阳伞（雨伞）等。

2. 心理准备：充满自信，告诉自己一定能完成接待任务，坚定吃苦耐劳的信念，了解游客的基本信息和需求，分析锦里古街的哪些方面最令游客感兴趣，熟悉锦里古街的讲解词范文。

3. 形象准备：衣着整洁、大方，男士不得留胡须，女士不得化浓妆、留长指甲。

4. 仔细核实接待计划，根据游客的特点，设定团型，并选择适合的讲解风格。

★ 活动二：范文赏析及实操训练

📖 范文赏析

锦里古街讲解词

各位游客大家好，欢迎来到锦里民俗一条街。我是讲解员小张，今天将由我带领大家参观游览。

锦里位于成都武侯祠大街中段，北邻锦江，与成都武侯祠博物馆仅一墙之隔。街道全长约550米，现为成都市著名的步行商业街，以三国文化和川西民俗文化为主要内容。古街沿途一些店铺悬挂着的大红灯笼，在数百米长街勾勒出锦里独特的韵味，使整个街巷充满了生机和活力。茶楼的招牌古朴凝重，酒馆的招牌陈旧质朴。外地慕名而来的游人，或小坐片刻，或浅斟独饮，一箸一杯都是冲着味道来的。当地人喜欢在酒馆内听歌、打牌，说的都是当地方言夹杂着普通话。

据说成都人就是这样在锦里漫游闲逛的，怀旧的人有了宣泄情感的出口，爱吃的人满足了口腹之欲。

这里有川西古镇"赶场"的热闹场景，也有特色小摊的民间艺人展演；这里很传统，很民间，也很通俗。在这里，您可以看到我国非物质文化遗产中的诸多精彩内容，比如蜀绣、瓷胎竹编、成都灯影戏等，也可以体会最地道的四川民俗，比如吹糖人、画糖画、打草鞋、雕泥塑、画半边蛋壳画、表演传统魔术等。它们或俗或雅，或精或巧，都具

有引人注目的诱惑力。

在锦里，成都最具特色的民间小吃齐齐聚会。锦里小吃街上的美味小吃琳琅满目，不断向人们的舌尖发出最诱人的召唤：三大炮、荞面、牛肉豆花、三合泥、糖油果子、油茶、荞麦面、牛肉焦饼、钵钵鸡……应有尽有，能想到的和想不到的，您在这里都能找到它们的身影。您可以坐下慢品，也可以边走边吃，边吃边看，让舌尖彻头彻尾地享受风味美食那不一样的缠绵。

现在我们来到的这家特色旅店，是锦里隐庐客栈。它以明末清初的建筑风格为主，由客栈、隐庐、芙蓉邸三座风格各异的庭院组成。庭院内假山耸立，绿树成荫，流水潺潺，环境清幽，布局合理。客房内装修古朴典雅，配备仿古红木家具、高级卫浴设施、网络光纤和中央空调。客栈内的装修经典，服务更是细致入微，能让您体验到安逸、闲适、幽静之感。朱门高墙，一壁之隔，让您不得不赞叹中式建筑的神奇。外面人潮涌动，熙熙攘攘，热闹非凡；里面宁静闲适，您甚至可以听见落叶的声音。

古戏台定期上演川剧经典剧目，戏台前也会定期放映成都人喜爱的露天电影；街道上长期以特色小摊的方式举行民间艺人的展演，如画糖画、吹糖人、剪纸、表演皮影戏等。这些趣味十足的民间活动，游人都可以参与其中，乐在其中。情侣们甚至还可以将自己的婚礼仪式搬来锦里举行，体会独特的传统婚庆方式。民间音乐及戏剧表演、民俗服装秀更是长年不断，花样百出。

好了，锦里古街就先给您介绍到这儿了，各位随意参观游览。您可以选些自己钟爱的小吃尝尝，一小时后咱们在前面路口集合。

实操训练

一、阅读范文，自主创作

1.阅读锦里古街简介和讲解词范文，熟悉锦里古街的概况，将范文中提到的景点和知识点整理出来，然后构思讲解方式，尝试按范文进行模拟讲解。

2.搜集关于锦里古街的零散素材，按照导游词的写作格式和要求，根据自己的讲解风格和表达习惯，设定相应团型，完成对锦里古街讲解词的分析梳理或改写创作。

二、分解练习

1.朗读范文或自己按要求撰写的讲解词，规范读音，理顺语句，运用恰当的讲解方式和技巧，初步练习对锦里古街的讲解。

2.熟记锦里古街的地理位置、特色民俗活动等。

3.分段落记忆与背诵讲解词，通过反复练习，逐步完成对锦里古街的流畅讲解。

★ 活动三：考核评价

将学生分成若干小组，每组6人，一人担任讲解员，其他人扮演游客，进行模拟讲解实操训练。组内成员轮流担任讲解员，模拟讲解完毕后，填写任务评价表。

【任务评价】

评价项目	自我评定	小组评定	教师评定
仪容仪表（10分）			
礼节礼貌（15分）			
语音语调（10分）			
口头表达（20分）			
体态语言（10分）			
讲解内容（20分）			
讲解技巧（15分）			
总评（等级评定）			
等级评定：优（90分及以上）、良（80~89分）、中（70~79分）、合格（60~69分）、不合格（60分以下）			

【实训心得】

_____

_____

_____

_____

_____

任务八　成都安仁古镇导游词讲解实操训练

★ 活动一：课前准备

一、安仁古镇简介

安仁古镇位于四川省成都市大邑县安仁镇，始建于唐朝，至今已有 1400 余年的历史。景区范围为西至刘湘骑马像，东至会展路，北至绕镇路，南至斜江河。安仁古镇拥有全国重点文物保护单位——刘氏庄园，中国最大的民间博物馆聚落、国家一级博物馆——建川博物馆聚落，全国最大且保存完好的中西合璧的老公馆群落 27 座、现代博物馆 71 座、文物保护单位 16 处、藏品 1000 余万件。在现存文物的价值和规模、拥有博物馆的数量方面，安仁古镇在全国同类小镇中名列前茅，被住房城乡建设部、国家文物局授予"中国历史文化名镇"称号，被住房城乡建设部授予"国家园林城镇"称号，被文化和旅游部授予"国家文化产业示范基地"称号，被中央宣传部授予"国家爱国主义教育基地"称号，被中国博物馆协会命名为首个"中国博物馆小镇"，被中国文物学会命名为"中国文物保护示范小镇"，获批成为"全国首批特色小镇""四川省首批文旅特色小镇"。

二、实训前的准备

1. 物质准备：讲解证、导游旗、随身包、记事本、安仁古镇游览路线图、无线讲解器、遮阳伞（雨伞）等。

2. 心理准备：充满自信，告诉自己一定能完成接待任务，坚定吃苦耐劳的信念，了解游客的基本信息和需求，分析安仁古镇的哪些方面最令游客感兴趣，熟悉安仁古镇的讲解词范文。

3. 形象准备：衣着整洁、大方，男士不得留胡须，女士不得化浓妆、留长指甲。

4. 仔细核实接待计划，根据游客的特点，设定团型，并选择适合的讲解风格。

★ 活动二：范文赏析及实操训练

📖 范文赏析

安仁古镇之建川博物馆聚落讲解词

各位游客大家好，欢迎来到建川博物馆聚落。我是讲解员小张，今天将由我带领大家参观游览。想必大家已经看到广场入口处石碑上的醒目文字了——国人到此，低头致敬！在此，我提议：咱们一起向老兵鞠躬，以示尊敬！

建川博物馆聚落是以收藏家樊建川个人名字命名的博物馆聚落，是国内少见的大型私人博物馆，是四川省"十二五"规划中重点开发的对象之一。建川博物馆聚落是国家一级博物馆，占地面积为 500 亩①，馆藏文物 1000 多万件。建川博物馆聚落以"为了和平，收藏战争；为了未来，收藏教训；为了安宁，收藏灾难；为了传承，收藏民俗"为主题，现已建成开放抗战、民俗、红色年代、地震等系列主题的 30 余座场馆，是目前国内民间资本投入最多、建设规模和展览面积最大、收藏内容最丰富的民营博物馆聚落。目前已对外开放的陈列馆有中流砥柱馆、正面战场馆、飞虎奇兵馆、不屈战俘馆等 7 座抗战系列场馆，新中国瓷器陈列馆、新中国生活用品陈列馆、知青生活馆等 8 座新中国系列场馆，三寸金莲博物馆、老公馆家具馆等 4 座民俗系列场馆，震撼日记 5.12—6.12 馆、5.12 抗震救灾纪念馆等 5 座地震系列场馆，以及辉煌巨变（1978—2018）主题展、奋斗与辉煌——中国共产党百年礼赞展等其他系列场馆。除此之外，还有中国壮士群雕广场、中国老兵手印广场、援华义士群雕广场、改革开放名士群雕广场等。很多参观者，受樊建川的感召，变成了文物捐赠者。那些被捐赠的文物，有出处，有品质，其中有很多被评定为"国家一级文物"。所有捐赠者都有一个共同的心声：文物在自己手里，顶多是家族的财富，但放在博物馆的展柜中，它就成了整个民族甚至世界的精神财富。

我们现在所在的地方是中国老兵手印广场，它占地 4000 平方米，呈 V 字形，象征着胜利。这些手印都是抗战老兵的，他们年龄最大的近

---

① 1 亩 ≈ 666.7 平方米

百岁，最小的也近八十岁。樊建川为了保留这些抗战老兵的手印，供后代铭记，建造了这个"抗战老兵手印碑林"。碑林使用的材质是钢化玻璃，采用蚀刻工艺将手印印在钢化玻璃上。每个钢化玻璃碑宽 2.4 米，高 3.7 米。每个手印都被放大了 20%，这样我们就可以更清晰地看到他们的手掌纹路。这是一双双保家卫国的手，是一双双建设新中国的手。手印碑林是老兵的汇集，是英雄和力量的汇集，更是民族精神和气节的汇集。

我们世世代代都应铭记这些手，并传承他们英勇无畏的奉献精神！

好了，各位游客，让我们带着这份感悟继续参观下一个景点吧。

实操训练

一、阅读范文，自主创作

1. 阅读安仁古镇简介和讲解词范文，熟悉安仁古镇的概况，将范文中提到的景点和知识点整理出来，然后构思讲解方式，尝试按范文进行模拟讲解。

2. 搜集关于安仁古镇的零散素材，按照导游词的写作格式和要求，根据自己的讲解风格和表达习惯，设定相应团型，完成对安仁古镇讲解词的分析梳理或改写创作。

二、分解练习

1. 朗读范文或自己按要求撰写的讲解词，规范读音，理顺语句，运用恰当的讲解方式和技巧，初步练习对安仁古镇的讲解。

2. 熟记安仁古镇的地理位置、特色景点等。

3. 分段落记忆与背诵讲解词，通过反复练习，逐步完成对安仁古镇的流畅讲解。

★ 活动三：考核评价

将学生分成若干小组，每组 6 人，一人担任讲解员，其他人扮演游客，进行模拟讲解实操训练。组内成员轮流担任讲解员，模拟讲解完毕后，填写任务评价表。

【任务评价】

评价项目	自我评定	小组评定	教师评定
仪容仪表（10分）			
礼节礼貌（15分）			
语音语调（10分）			
口头表达（20分）			
体态语言（10分）			
讲解内容（20分）			

续表

评价项目	自我评定	小组评定	教师评定
讲解技巧（15分）			
总评（等级评定）			
等级评定：优（90分及以上）、良（80~89分）、中（70~79分）、合格（60~69分）、不合格（60分以下）			

【实训心得】

_____

_____

_____

_____

_____

_____

任务九　四川阆中古城导游词讲解实操训练

模块三任务九

★ 活动一：课前准备

一、阆中古城简介

阆中古城位于四川盆地北部、嘉陵江中游，为国家AAAAA级旅游景区，有永安寺、五龙庙、滕王亭、观音寺、巴巴寺、大佛寺、汉桓侯祠（张飞庙）、中天楼、川北道贡院等景点，为中国历史文化名城。阆中古城有"世界千年古县""中国春节文化之乡"之称，是中国四大古城之一。

古城的建筑是中国古代建城选址"天人合一"的典范，是融南北风格于一体的棋盘式格局，形成了半珠式、多字形和品字形等风格迥异的建筑群体。景区被称为多元文化荟萃的"阆苑仙境"，是中华民族本源文化的发祥地之一，融本源文化、巴人文化、三国文化、科举文化、天文文化、民俗文化、饮食文化、红色文化于一体，有保宁蒸馍、保宁醋、张飞牛肉等特产。

二、实训前的准备

1.物质准备：讲解证、导游旗、随身包、记事本、阆中古城游览路线图、无线讲解器、遮阳伞（雨伞）等。

2. 心理准备：充满自信，告诉自己一定能完成接待任务，坚定吃苦耐劳的信念，了解游客的基本信息和需求，分析阆中古城的哪些方面最令游客感兴趣，熟悉阆中古城的讲解词范文。

3. 形象准备：衣着整洁、大方，男士不得留胡须，女士不得化浓妆、留长指甲。

4. 仔细核实接待计划，根据游客的特点，设定团型，并选择适合的讲解风格。

★ 活动二：范文赏析及实操训练

📖 范文赏析

阆中古城之汉桓侯祠讲解词

汉桓侯祠，又名张桓侯祠、张飞庙，位于四川省阆中市古城西街，始建于三国时期，历代屡经兴废，现存建筑为明清时期的遗存，是纪念三国时蜀汉名将张飞的祠庙。汉桓侯祠为四合庭院式古建筑群，由山门、敌万楼、左右厢房、大殿、后殿、墓亭、墓冢等组成。除山门和敌万楼为明代建筑外，其余建筑均为清代所建。汉桓侯祠对研究阆中地区古建筑群早期规划的思想及方法有较高的参考价值。

汉桓侯祠内的代表性建筑——敌万楼的得名取《三国志》称张飞"万人之敌"之意。楼下置唐、宋铸铜佛三尊。楼左右两侧的木石牌坊间嵌有《大汉西乡亭侯张庙记》《蜀汉西乡亭侯张公灵异碑》《汉桓侯车骑将军张翼德之墓碑》等，文字蚀残，无法被完整辨识。汉桓侯祠大殿在五级台阶上，阔五间，为歇山式大屋顶，砖雕拼合屋脊，是清同治年间重修的。外廊置巨鼎，右有张飞《立马铭》，左有《重修庙记》古碑。殿内正中塑有 2 米多高的张飞文像，头戴冕旒，身着黑蟒袍，手捧玉笏。左有张苞执蛇矛，右有马齐捧丹卷。

穿过后殿，便是张飞的墓冢。墓冢前建有一墓亭，亭中塑有张飞武像，原为铁铸，今为泥塑。张飞墓冢呈椭圆形，南北长 42 米，东西阔 25 米，高 8 米。汉桓侯祠左右各有厢房 10 余间，均配以雕花隔扇门。右厢房为阆中出土文物陈列室；左厢房为雕塑厅，有"桃园结义""鞭督邮""古城会""当阳桥""义释严颜""战马超""立马勒铭""虎臣良牧"等大型群雕，是张飞生平业绩的再现。祠内现存碑匾 24 块，名联多副，多系名家所书。

汉桓侯祠具有特殊的历史文化含义。张飞为三国蜀汉"五虎上将"之一。刘备攻取四川后，封张飞为车骑将军，领司隶校尉，并命张飞为巴西太守，令其镇守阆中。在镇守阆中的 7 年间，张飞带领军民开垦荒地，发展经济，栽桑养蚕，大大促进了阆中经济的发展。张飞无论为文臣还是做武将，都勤于职守，正映照了《三国志》中对张飞"称万人之敌，为世虎臣"的评价。章武元年（221年），张飞被属下张达、范强所害，谥为桓侯，葬于阆中。张飞遇害后，人们敬其忠勇，为他筑冢建祠，以示纪念。

好了，张飞庙就给您介绍到这儿了，各位随意参观拍照。15分钟后，请随我到下一个景点——贡院。

实操训练

一、阅读范文，自主创作

1. 阅读阆中古城简介和讲解词范文，熟悉阆中古城的概况，将范文中提到的景点和知识点整理出来，然后构思讲解方式，尝试按范文进行模拟讲解。

2. 搜集关于阆中古城的零散素材，按照导游词的写作格式和要求，根据自己的讲解风格和表达习惯，设定相应团型，完成对阆中古城讲解词的分析梳理或改写创作。

二、分解练习

1. 朗读范文或自己按要求撰写的讲解词，规范读音，理顺语句，运用恰当的讲解方式和技巧，初步练习对阆中古城的讲解。

2. 熟记阆中古城的地理位置、特色景点等。

3. 分段落记忆与背诵讲解词，通过反复练习，逐步完成对阆中古城的流畅讲解。

★ 活动三：考核评价

将学生分成若干小组，每组6人，一人担任讲解员，其他人扮演游客，进行模拟讲解实操训练。组内成员轮流担任讲解员，模拟讲解完毕后，填写任务评价表。

【任务评价】

评价项目	自我评定	小组评定	教师评定
仪容仪表（10分）			
礼节礼貌（15分）			
语音语调（10分）			
口头表达（20分）			
体态语言（10分）			
讲解内容（20分）			

续表

评价项目	自我评定	小组评定	教师评定
讲解技巧（15分）			
总评（等级评定）			
等级评定：优（90分及以上）、良（80~89分）、中（70~79分）、合格（60~69分）、不合格（60分以下）			

【实训心得】

_____

_____

_____

_____

_____

_____

模块四　博物馆导游词讲解实操训练

模块目标

素养目标：

★ 坚定理想信念，传承中华优秀传统文化，自觉树立和践行社会主义核心价值观，提高使命感与责任感，强化学习能力和社会实践能力

★ 提高积极宣传博物馆文化以及热爱家乡的意识

知识目标：

★ 了解博物馆讲解的内涵与类型

★ 掌握博物馆讲解的形式和技巧

能力目标：

★ 能在讲解时注重礼仪

★ 能熟练地运用讲解技巧进行趣味讲解

★ 能在讲解服务中熟练地应对各种突发事件

模块导入

新手的囧事

"五一"期间，新导游莹莹带领一行15人到成都博物馆参观游览。因为正值假期，所以游客特别多，预约博物馆讲解员需要等待，但游客们不想多等，就让莹莹直接讲。因为是第一次接待团队，没有相关的讲解经验，并且莹莹本以为可以请到博物馆讲解员来讲解，所以并未做足相关准备工作。现在客人需要莹莹马上讲解，她只能简单介绍了成都博物馆的概况。游客们对博物馆的展品很感兴趣，不断地向莹莹发问，但莹莹讲不出来，她只好让大家去茶馆喝盖碗茶，说盖碗茶是四川的特色。大家纷纷表示没有兴趣，建议自由活动。莹莹只好安排大家一小时后在停车场集合。对此，莹莹感到羞愧难当……

学生通过学习本模块的知识，完成以下任务。

任务一：掌握博物馆讲解的基础知识，并完成【任务评价】和【实训心得】的填写。

任务二：参照故宫博物院的模拟讲解词范文，完成对故宫博物院的导游词讲解实操训练，并完成【任务评价】和【实训心得】的填写。

任务三：参照自贡恐龙博物馆的模拟讲解词范文，完成对自贡恐龙博物馆的导游词讲解实操训练，并完成【任务评价】和【实训心得】的填写。

任务四：参照成都武侯祠博物馆的模拟讲解词范文，完成对成都武侯祠博物馆的导游词讲解实操训练，并完成【任务评价】和【实训心得】的填写。

任务五：参照成都杜甫草堂博物馆的模拟讲解词范文，完成对成都杜甫草堂博物馆的导游词讲解实操训练，并完成【任务评价】和【实训心得】的填写。

任务六：参照金沙遗址博物馆的模拟讲解词范文，完成对金沙遗址博物馆的导游词讲解实操训练，并完成【任务评价】和【实训心得】的填写。

任务七：参照三星堆博物馆的模拟讲解词范文，完成对三星堆博物馆的导游词讲解实操训练，并完成【任务评价】和【实训心得】的填写。

任务一　博物馆讲解的基础知识

★ 活动一：课前准备

1. 学生通过报纸、杂志、网络等途径收集关于自己家乡的或自己熟知的博物馆的相关资料。

2. 学生尝试独立完成一篇博物馆讲解词。

3. 想一想：讲解员在讲解博物馆时可以从哪些方面入手？

★ 活动二：知识学习

一、博物馆讲解的内涵

博物馆讲解是以馆藏的文化和自然遗产资源为依托，通过口头交流或相关的技术手段，运用引发观众关注的多种语言表达方式，对观众进行展品及其文化内涵的阐释，从而达到传播知识、引导观察思考、提供愉悦体验、分享审美感受、实现观众认知能力提升等目的的博物馆业务活动。

博物馆讲解工作最早出现于 19 世纪末。随着博物馆教育职能的发展，美国的一些博物馆开始针对学校的需求开展文化讲座、课程讲演等服务。1906 年，美国波士顿艺术博物馆开始设立讲解员，每周定时向观众讲述陈列品的名称、年代、用途等，受到观众的欢迎，引起了许多国家对博物馆讲解的重视。

中国最早倡议提供讲解服务的是南通博物苑的创建者张謇，他于 1905 年提出通过讲解引导观众参观。此后，国内一些博物馆陆续出现讲解员等岗位。新中国成立后，讲解工作受到了中央和地方各级政府的高度重视，得到了健康发展，独具中国特色，并逐步进入专业化发展道路。

博物馆讲解是博物馆教育的基本手段，居于博物馆工作的第一线，其主要工作内容包括熟悉陈列展览、了解观众需求、研究观众特点、编写讲解内容、确定讲解方式、组织参观体验、收集反馈信息等。博物馆讲解可以提炼、拓展、深化陈列内容，从而加深观众对展览主题的认识和对展品的理解，使观众欣赏到博物馆的精华、最大限度地获取知识和信息。

二、博物馆讲解的类型

博物馆讲解分为人工讲解和电子设备导览讲解两类。人工讲解是由讲解员为观众提供的面对面的讲解服务；而电子设备导览讲解是利用电子设备为观众提供的导览讲解服务，常见的方式有语音导览、视频感应播放、录音感应播放、手机自助导览等。根据场地和对象，博物馆讲解可分为现场讲解和非现场讲解两大类：现场讲解指讲解员在展厅、遗址、景区等陈列展览现场为观众提供的讲解服务，有通讲、分区域讲解、总介绍三种方式；非现场讲解指离开上述陈列展览现场而进行的讲解，常见的形式有比赛式讲解、营销推广式讲解、媒体宣传式讲解等。

三、博物馆讲解的形式

博物馆讲解的主要形式有导览式、导游式、教学式、专题式、体验式、角色扮演式、启发探讨式等。导览式讲解指讲解员在引导观众参观的过程中，按照博物馆常规的参观顺序进行的讲解。这种讲解形式灵活，是博物馆最基本的讲解形式。导游式讲解主要运用于含有博物馆的综合性景区，其目标群体主要是以游览休闲为目的的游客。讲解员在讲解时以游览为主，让观众在轻松的氛围中获取知识和信息。教学式讲解常常与学校课程紧密关联。讲解员必须结合学校教学大纲，选择相关的陈列内容或重点文物，对接学校教材，进行具体而生动的讲解；讲解时宜突出参与性、体验性和互动性，可借助多媒体、文物复仿制品、辅助教具等实物，帮助学生理解课程内容。专题式讲解指为观众提供有关某一专门领域的专业知识的讲解。这种讲解主题明确，内容相对集中，对所讲内容的文化内涵的挖掘比较深入，一般由具有一定专业水准的研究人员、策展人员或资深讲解员承担。体验式讲解指讲解员依托博物馆内可以参与体验的展陈内容边操作边讲解，同时鼓励观众参与体验，从而帮助观众理解、掌握讲解内容。角色扮演式讲解主要指在一些博物馆中，为了进行场景还原、活态化展示，营造一种让观众沉浸其中的氛围，场馆工作人员会扮演陈列故事中的人物，并为观众进行讲解。这种讲解方式使观众的感受更真切。启发探讨式讲解指讲解员在讲解过程中采用探究和讨论的方式，激发观众自主学习、探索思考的积极性和主动性。在讲解过程中，讲解员以问题为导向，通过探讨、交流帮助观众解决问题，实现知识的增长和认知能力的提升。

四、博物馆讲解的技巧

博物馆讲解是一种创造性的工作，有着较高的艺术性。讲解员可以通过"因人施讲"、加强交流互动、引导启发思考、激发观众兴趣点、恰当运用修辞手法等技巧来增强讲解的效果。在讲解时，讲解员要做到发音标准、语速和音量适中，运用好重音、停连、语气、语调、节奏等方面的技巧，运用真挚的情感，充满感染力但自然地叙述，而非用失真的语调表演式讲解。除此之外，讲解员还应恰当地运用眼神、表情、动作、手势等，使讲解充满美感并易于被观众接受。博物馆可以通过实时讲解、定时讲解、预约讲解来为观众提供服务，并尽可能地为观众提供多种语言的讲解服务。

★ 活动三：考核评价

【大讨论】

1. 博物馆主要分为哪几类？

2. 讲解不同类型的博物馆应分别注意哪些方面？

【任务评价】

评价项目	自我评定	小组评定	教师评定
阐述博物馆讲解的内涵和类型（50分）			
阐述博物馆讲解的形式和技巧（50分）			
总评（等级评定）			
等级评定：优（90分及以上）、良（80~89分）、中（70~79分）、合格（60~69分）、不合格（60分以下）			

【实训心得】

_____

_____

_____

_____

_____

_____

任务二　故宫博物院导游词讲解实操训练

★ 活动一：课前准备

一、故宫博物院简介

故宫博物院既是明清故宫（紫禁城）建筑群与宫廷史迹的保护管理机构，也是以明清皇室旧藏文物为基础的中国古代文化艺术品的收藏、研究和展示机构。故宫博物院的院藏文物体系完备，涵盖古今，品质精良，品类丰富。现有藏品总量已达 180 余万件（套），以明清宫廷文物类藏品、古建类藏品、图书类藏品为主。

紫禁城南北长 961 米，东西宽 753 米，四面围有高 10 米的城墙，城外有宽 52 米的护城河，真可谓有金城汤池之固。紫禁城有四座城门，南面为午门，北面为神武门，东面为东华门，西面为西华门。城墙的四角，各有一座风姿绰约的角楼，民间有九梁十八柱七十二条脊之说，形容其结构的复杂。紫禁城内的建筑分为外朝和内廷两部分。外朝的中心为太和殿、中和殿、保和殿，统称三大殿，是国家举行大典礼的地方。三大殿左右两翼辅以文华殿、武英殿两组建筑。内廷的中心是乾清宫、交泰殿、坤宁宫，统称后三宫，是皇帝和皇后居住的正宫，其后为御花园。后三宫两侧排列着东、西六宫，是后妃们居住休息的地方。东六宫东侧是天穹宝殿等佛堂建筑，西六宫西侧是中正殿等佛堂建筑。外朝、内廷之外还有外东路、外西路两部分建筑。

二、实训前的准备

1.物质准备：讲解证、导游旗、随身包、记事本、故宫博物院游览路线图、无线讲解器、遮阳伞（雨伞）等。

2.心理准备：充满自信，告诉自己一定能完成接待任务，坚定吃苦耐劳的信念，了解游客的基本信息和需求，分析故宫博物院的哪些方面最令游客感兴趣，熟悉故宫博物院的讲解词范文。

3.形象准备：衣着整洁、大方，男士不得留胡须，女士不得化浓妆、留长指甲。

4.仔细核实接待计划，根据游客的特点，设定团型，并选择适合的讲解风格。

★ 活动二：范文赏析及实操训练

📖 范文赏析

故宫博物院讲解词

各位游客大家好，欢迎来到北京故宫博物院。刚才我们从午门一路参观过来，现在映入大家眼帘的就是故宫著名的三大殿之一太和殿了。

太和殿，俗称"金銮殿"，位于紫禁城南北主轴线的显要位置，明永乐十八年（1420年）建成，被称为奉天殿。自建成后屡遭焚毁，又多次重建，今天我们所见到的为清康熙三十四年（1695年）重建后的形制。太和殿是紫禁城内体量最大、等级最高的建筑物，建筑规制之高，装饰手法之精，堪列中国古代建筑之首。太和殿面阔11间，进深5间，其上为重檐庑殿顶，檐角安放10个走兽，数量之多为现存古建筑中所仅见。太和殿的装饰十分豪华，檐下施以密集的斗拱，室内外梁枋上饰以和玺彩画，门窗上部嵌成菱花格纹，下部浮雕云龙图案，接榫处安有镂刻龙纹的鎏金铜叶。殿内金砖铺地，明间设宝座，宝座两侧排列6根沥粉贴金云龙图案的巨柱。宝座前两侧有四对陈设：宝象、甪端、仙鹤和香亭。宝象象征国家的安定和政权的巩固，甪端是传说中的吉祥动物，仙鹤象征长寿，香亭寓意江山稳固。明清两朝24个皇帝都在太和殿举行盛大典礼，如皇帝登基、皇帝大婚、册立皇后、命将出征等。

看完太和殿，大家随我继续向前走，就到中和殿了。中和殿平面呈正方形，面阔、进深各为3间，四面出廊，金砖铺地，屋顶为单檐四角攒尖顶，屋面覆黄色琉璃瓦。殿内外檐均饰金龙和玺彩画，天花为沥粉贴金正面龙，殿内设地屏宝座。在举行各种大典前，皇帝先在中和殿小憩，并接受执事官员的朝拜。凡遇皇帝亲祭，如祭天坛、地坛，皇帝于前一日就会在这里阅览祝文；祭先农坛举行亲耕仪式前，还要在此查验种子和农具。

各位请再往前面走，现在我们所看到的就是保和殿了。保和殿面阔9间，进深5间，屋顶为重檐歇山顶，上覆黄色琉璃瓦，上下檐角均安放9个小兽。内外檐均为金龙和玺彩画，天花为沥粉贴金正面龙。六架天花梁彩画极其别致，与偏重丹红色的装修和陈设搭配协调，显得华贵富丽。殿内金砖铺地，坐北向南设雕镂金漆宝座。东西两梢间为暖阁，安板门两扇，上加木质浮雕如意云龙浑金毗庐帽。建筑上采用了减柱造做法，将殿内前檐金柱减去六根，使空间宽敞。保和殿在明、清两代的用途不同：明代大典前皇帝常在此更衣；清代每年除夕、正月十五，皇帝赐外藩，王公及一、二品大臣宴，赐额驸之父、有官职家属宴，每科殿试均于保和殿举行。

过了这保和殿，后面就是乾清门了，乾清门是前朝和后寝的分界线。一会儿到了乾清门，我再给大家仔细讲解后寝的故事。现在，请大家在这里自行参观。

📚 实操训练

一、阅读范文，自主创作

1.阅读故宫博物院简介和讲解词范文，熟悉故宫博物院的概况，将范文中提到的知识点整理出来，然后构思讲解方式，尝试按范文进行模拟讲解。

2.搜集关于故宫博物院的零散素材，按照导游词的写作格式和要求，根据自己的讲解风格和表达习惯，设定相应团型，完成对故宫博物院讲解词的分析梳理或改写创作。

二、分解练习

1.朗读范文或自己按要求撰写的讲解词，规范读音，理顺语句，运用恰当的讲解方式和技巧，初步练习对故宫博物院的讲解。

2.熟记故宫博物院的地理位置、代表性建筑等。

3.分段落记忆与背诵讲解词，通过反复练习，逐步完成对故宫博物院的流畅讲解。

⭐ 活动三：考核评价

将学生分成若干小组，每组6人，一人担任讲解员，其他人扮演游客，进行模拟讲解实操训练。组内成员轮流担任讲解员，模拟讲解完毕后，填写任务评价表。

【任务评价】

评价项目	自我评定	小组评定	教师评定
仪容仪表（10分）			
礼节礼貌（15分）			
语音语调（10分）			
口头表达（20分）			
体态语言（10分）			
讲解内容（20分）			
讲解技巧（15分）			
总评（等级评定）			
等级评定：优（90分及以上）、良（80~89分）、中（70~79分）、合格（60~69分）、不合格（60分以下）			

【实训心得】

_____

_____

_____

_____

_____

任务三　自贡恐龙博物馆导游词讲解实操训练

模块四任务三

★ 活动一：课前准备

一、自贡恐龙博物馆简介

自贡恐龙博物馆位于四川省自贡市的东北部，距市中心 9 千米。自贡恐龙博物馆是在世界著名的"大山铺恐龙化石群遗址"上兴建的一座大型遗址类博物馆，也是我国第一座专题恐龙博物馆、世界三大恐龙遗址博物馆之一。自贡恐龙博物馆于 1983 年筹建，1986 年建成，1987 年春节正式对外开放，不仅拥有世界上面积最大、化石富集程度最高的中侏罗世恐龙化石遗址，而且拥有世界上最为丰富的侏罗纪恐龙及其他脊椎动物化石，因此在中国的古生物博物馆领域占有非常重要的地位。自贡恐龙博物馆先后获"中国旅游胜地四十佳"、"国家地质公园"、"国家 AAAA 级景区"、"全国青少年科技教育基地"、"文化工作先进集体"、"全国十大陈列精品奖"、"四川省重点博物馆"和"20世纪最有代表性的 30 个中国精品建筑"等殊荣，是中央宣传部、科技部命名的全国 100 个"青少年科技教育基地"之一、"中国古生物科普教育基地"、"四川省爱国主义教育基地"、"四川省科普教育基地"。

二、实训前的准备

1. 物质准备：讲解证、导游旗、随身包、记事本、自贡恐龙博物馆游览路线图、无线讲解器、遮阳伞（雨伞）等。

2. 心理准备：充满自信，告诉自己一定能完成接待任务，坚定吃苦耐劳的信念，了解游客的基本信息和需求，分析自贡恐龙博物馆的哪些方面最令游客感兴趣，熟悉自贡恐龙博物馆的讲解词范文。

3. 形象准备：衣着整洁、大方，男士不得留胡须，女士不得化浓妆、留长指甲。

4. 仔细核实接待计划，根据游客的特点，设定团型，并选择适合的讲解风格。

★ **活动二：范文赏析及实操训练**

📖 **范文赏析**

自贡恐龙博物馆讲解词

各位游客大家好，欢迎来到自贡恐龙博物馆。我是讲解员小张，今天将由我带领大家参观游览。

自贡恐龙博物馆占地面积约为 70000 平方米，主展馆建筑面积为 6600 平方米，陈列展示面积为 4600 平方米，是自贡世界地质公园的核心园区、国家一级博物馆。馆藏化石标本几乎囊括了 2.01 亿—1.45 亿年前侏罗纪时期所有已知恐龙种类，是目前世界上收藏和展示侏罗纪恐龙化石最多的地方。

自贡恐龙博物馆的现有基本陈列"侏罗纪恐龙世界"，按照"恐龙世界—恐龙遗址—恐龙时代的动植物—珍品厅—恐龙再现"的顺序展开，吸收现代陈列理念，采用场景式展示、拟人化展示，辅以多媒体等展示手段，展开了一幅蔚为壮观、神奇

瑰丽的史前画卷，再现了由恐龙及许多早已消失的物种构成的神秘多姿的侏罗纪时代；同时，还突出展示了博物馆的精华——化石埋藏现场，给人以强烈的视觉冲击和心灵震撼，充分体现了专业博物馆与遗址博物馆的双重特色。

在主展馆内，恐龙世界展厅采用现代流行的生态陈列，根据恐龙的生理、生活特性，对21具大小不一、属种不同、形态各异的恐龙化石，进行了复原和组合，形成了一组组既相互联系又各自独立的生态群雕形象，再辅以仿真的环境，让人犹如在侏罗纪王国内穿梭，体验无限的原始与神秘。

自贡恐龙博物馆内的侏罗纪古生物化石资源极为丰富，化石遗迹众多。自贡恐龙博物馆尤其以恐龙化石数量丰富、种类众多、埋藏集中、保存完好等特点著称于世，是世界闻名的侏罗纪"恐龙之乡"。化石种类极为丰富，从鱼类、两栖类、爬行类到似哺乳类、哺乳类，是至少由5个纲、11个目、16个科、40余个属种组成的门类齐全的脊椎动物群组合，几乎涵盖了侏罗纪时期所有陆生脊椎动物门类，具有生物演化的系统性和完整性。

蜥脚类恐龙是人们比较熟知的一类恐龙。所有的蜥脚类恐龙大体上相似——庞大的体躯靠四条粗壮如柱的腿支撑着，四足行走，脖子颀长但头却很小，勺形或棒状的牙齿只适宜吃柔嫩的植物。它们是地球上曾经生活过的最大的陆生动物。最小的蜥脚类恐龙可能都比现在的大象还要大，而最大的蜥脚类恐龙体长可达40余米，估计活着时体重超过100吨，是大象的十几倍，只有现在海洋中的鲸可与之相比。

兽脚类恐龙是恐龙家族中非常繁盛的类群，它们的化石从中三叠世到整个白垩纪都有发现，分布也很广。从总体上看，兽脚类恐龙的头大小不一，面部一般比较长，后肢比前肢强壮有力，两足行走。目前世界上最古老的恐龙，如十字龙、埃雷拉龙和始盗龙，均属此类。

鸟脚类恐龙是鸟臀类恐龙中最早出现的一大支系，也是鸟臀类恐龙进化的主干。其他鸟臀类恐龙，如剑龙类、甲龙类和角龙类，都是由鸟脚类恐龙进化而来的。鸟脚类恐龙出现于三叠世中期，一直繁衍到白垩纪末，在地球上生活了一亿多年。由于它们用强壮的后肢奔走，有的地方很像鸟，所以被称为鸟脚类恐龙。

剑龙类恐龙的体形一般不是很大，体长

3~9米，四足行走，多生活在河湖之滨的丛林中并以植物枝叶为食；其最大的特点是高高拱起呈弓状的脊背上排着两列大小不等的三角形或多角形骨质棘板，尾梢另有两对修长的骨刺。

好了，我的讲解就告一段落了。各位去近距离欣赏吧，30分钟后我们在门厅集合，去下一个景点。

实操训练

一、阅读范文，自主创作

1. 阅读自贡恐龙博物馆简介和讲解词范文，熟悉自贡恐龙博物馆的概况，将范文中提到的知识点整理出来，然后构思讲解方式，尝试按范文进行模拟讲解。

2. 搜集关于自贡恐龙博物馆的零散素材，按照导游词的写作格式和要求，根据自己的讲解风格和表达习惯，设定相应团型，完成对自贡恐龙博物馆讲解词的分析梳理或改写创作。

二、分解练习

1. 朗读范文或自己按要求撰写的讲解词，规范读音，理顺语句，运用恰当的讲解方式和技巧，初步练习对自贡恐龙博物馆的讲解。

2. 熟记自贡恐龙博物馆的特色以及与恐龙有关的知识点等。

3. 分段落记忆与背诵讲解词，通过反复练习，逐步完成对自贡恐龙博物馆的流畅讲解。

★ 活动三：考核评价

将学生分成若干小组，每组6人，一人担任讲解员，其他人扮演游客，进行模拟讲解实操训练。组内成员轮流担任讲解员，模拟讲解完毕后，填写任务评价表。

【任务评价】

评价项目	自我评定	小组评定	教师评定
仪容仪表（10分）			
礼节礼貌（15分）			
语音语调（10分）			
口头表达（20分）			
体态语言（10分）			
讲解内容（20分）			
讲解技巧（15分）			
总评（等级评定）			
等级评定：优（90分及以上）、良（80~89分）、中（70~79分）、合格（60~69分）、不合格（60分以下）			

【实训心得】

_____

_____

_____

_____

_____

_____

任务四　成都武侯祠博物馆导游词讲解实操训练

⭐ 活动一：课前准备

模块四任务四

一、成都武侯祠博物馆简介

成都武侯祠是以刘备陵寝所在地（惠陵）为基础发展而来的。惠陵旁纪念诸葛亮的专祠——武侯祠大约建于南北朝时期。武侯祠位于惠陵东偏南、汉昭烈庙西偏南，三者呈倒品字形，各自分立，自成一体。

明洪武二十四年（1391年），明蜀献王朱椿主张"君臣宜一体"，废弃惠陵旁的武侯祠，重修汉昭烈庙，将诸葛亮的塑像塑入汉昭烈庙内，实现"一祠同祀君臣"的格局。此后，武侯祠这一名称不再专指纪念诸葛亮的祠堂，而是囊括惠陵、汉昭烈庙等区域。清康熙十至十一年（1671—1672年），四川按察使宋可发主持重建武侯祠，形成了前（刘备殿）后（诸葛亮殿）两殿并立，前殿如朝廷礼、后殿如家庭礼的君臣合祀格局。

今日的成都武侯祠分为三国历史遗迹区（文物区）、三国文化体验区（园林区）、锦里民俗区（锦里）三大板块，占地面积约15万平方米，是全国唯一一座纪念刘备、诸葛亮、关羽、张飞等蜀汉英雄的君臣合祀祠庙，也是全世界影响力最大的三国遗迹博物馆。1961年被国务院公布为首批全国重点文物保护单位，1984年成立成都武侯祠博物馆，2008年被评为国家一级博物馆，2016年被国家文物局授牌"全国三国文化研究中心"。

二、实训前的准备

1. 物质准备：讲解证、导游旗、随身包、记事本、成都武侯祠博物馆游览路线图、无线讲解器、遮阳伞（雨伞）等。

2. 心理准备：充满自信，告诉自己一定能完成接待任务，坚定吃苦耐劳的信念，了解游客的基本信息和需求，分析成都武侯祠博物馆的哪些方面最令游客感兴趣，熟悉成都武侯祠博物馆的讲解词范文。

3. 形象准备：衣着整洁、大方，男士不得留胡须，女士不得化浓妆、留长指甲。

4. 仔细核实接待计划，根据游客的特点，设定团型，并选择适合的讲解风格。

★ 活动二：范文赏析及实操训练

📖 范文赏析

成都武侯祠之"三绝碑"讲解词

尊敬的游客，大家好，欢迎来到三国圣地——君臣合祀的成都武侯祠。我是讲解员小张，今天将由我带领大家参观游览。我们将从大门开始，依次游览三绝碑、刘备殿、诸葛亮殿、三义庙、惠陵等景点。现在我们刚好到了大门内的游览示意图前了，在这里请允许我给大家简单介绍一下武侯祠的基本情况。

成都武侯祠位于成都市区南面，占地约15万平方米。从杜甫《蜀相》诗里的描写——"丞相祠堂何处寻，锦官城外柏森森"，我们可以了解到其大概位置。武侯祠是中国唯一一座君臣合祀祠庙，也是极负盛名的刘备、诸葛亮及蜀汉英雄纪念地和全世界影响力最大的三国遗迹博物馆。1961年，国务院公布其为首批全国重点文物保护单位；1984年，成立成都武侯祠博物馆。2008年，它被评为国家一级博物馆，享有"三国圣地"之美誉，现为国家AAAA级旅游景区。

现在我们要参观的是唐碑——其全名为《蜀丞相诸葛武侯祠堂碑》，建于唐元和四年（809年），由裴度撰文，由柳公绰书丹，由鲁建镌刻，因文章、书法、镌刻都极精湛而被称为"三绝碑"。

碑文内容分序文和铭文，对诸葛亮的一生做了重点褒评，竭力赞颂诸葛亮的高风亮节、文治武功，并以此激励唐代的执政者。

唐元和二年（公元807年）成都发生动乱，武元衡被派出任剑南节度使。裴度当时与柳公绰一起在武元衡手下任节度判官，裴、柳关系密切，又都敬慕诸葛武侯，遂一文一书，共同创造了中国书法史上的不朽杰作。

古人制作石碑有两种方法：一种是书家直接在石碑上书写，俗称书丹，然后由刻工镌刻完成；另一种是摹勒上石，即书家先将文字写在纸上，再在纸背以朱砂等依样勾勒字的轮廓，然后覆于备刻的石头或木头上，最后由刻工镌刻完成。经考证，当时柳公绰采用的应该是书丹的方式，也就是用毛笔直接在石头上书写以备镌刻。

好了，我的讲解就告一段落了，各位随意参观拍照，30 分钟后请随我去下一个景点吧。

📒 实操训练

一、阅读范文，自主创作

1. 阅读成都武侯祠博物馆简介和讲解词范文，熟悉成都武侯祠博物馆的概况，将范文中提到的景点和知识点整理出来，然后构思讲解方式，尝试按范文进行模拟讲解。

2. 搜集关于成都武侯祠博物馆的零散素材，按照导游词的写作格式和要求，根据自己的讲解风格和表达习惯，设定相应团型，完成对成都武侯祠博物馆讲解词的分析梳理或改写创作。

二、分解练习

1. 朗读范文或自己按要求撰写的讲解词，规范读音，理顺语句，运用恰当的讲解方式和技巧，初步练习对成都武侯祠博物馆的讲解。

2. 熟记成都武侯祠博物馆的特色景点和相关知识点等。

3. 分段落记忆与背诵讲解词，通过反复练习，逐步完成对成都武侯祠博物馆的流畅讲解。

★ 活动三：考核评价

将学生分成若干小组，每组 6 人，一人担任讲解员，其他人扮演游客，进行模拟讲解实操训练。组内成员轮流担任讲解员，模拟讲解完毕后，填写任务评价表。

【任务评价】

评价项目	自我评定	小组评定	教师评定
仪容仪表（10 分）			
礼节礼貌（15 分）			
语音语调（10 分）			
口头表达（20 分）			
体态语言（10 分）			
讲解内容（20 分）			
讲解技巧（15 分）			
总评（等级评定）			
等级评定：优（90 分及以上）、良（80~89 分）、中（70~79 分）、合格（60~69 分）、不合格（60 分以下）			

【实训心得】

任务五　成都杜甫草堂博物馆导游词讲解实操训练

★ 活动一：课前准备

模块四任务五

一、成都杜甫草堂博物馆简介

成都杜甫草堂是诗圣杜甫流寓成都时的居所。759 年冬天，杜甫为避安史之乱，带着家人来到成都，第二年春天，在浣花溪边营建"草堂"而居。杜甫在此居住近 4 年，所创作的诗歌有 200 余首流传至今。成都杜甫草堂被誉为"中国文学史上的圣地"。

唐末，诗人韦庄寻得草堂遗址并重建茅屋。此后，杜甫草堂历经宋、元、明、清至今共十四次大规模修葺和扩建。新中国成立后，1952 年，杜甫草堂经全面整修后，正式对外开放。1955 年杜甫纪念馆成立，1985 年更名为成都杜甫草堂博物馆，现为首批全国重点文物保护单位、国家一级博物馆、全国古籍重点保护单位、国家 AAAA 级旅游景区。

成都杜甫草堂博物馆为古建类博物馆，是全国最大的杜甫研究资料和杜诗书画的收藏展示中心，是传承弘扬中华优秀诗歌文化的重要平台，是西蜀古典园林代表性基地、川西古建筑保护展示中心；其古建筑以木质穿斗式结构为特色，代表性建筑有大廨、诗史堂、工部祠、茅屋等；其特色诗意园林景观有盆景园、兰园、梅园等。

二、实训前的准备

1.物质准备：讲解证、导游旗、随身包、记事本、成都杜甫草堂博物馆游览路线图、无线讲解器、遮阳伞（雨伞）等。

2.心理准备：充满自信，告诉自己一定能完成接待任务，坚定吃苦耐劳的信念，了解游客的基本信息和需求，分析成都杜甫草堂博物馆的哪些方面最令游客感兴趣，熟悉成都杜甫草堂博物馆的讲解词范文。

3.形象准备：衣着整洁、大方，男士不得留胡须，女士不得化浓妆、留长指甲。

4.仔细核实接待计划，根据游客的特点，设定团型，并选择适合的讲解风格。

⭐ 活动二：范文赏析及实操训练

📖 范文赏析

成都杜甫草堂博物馆讲解词

各位游客大家好，欢迎来到杜甫草堂游览。杜甫草堂，又称少陵草堂，位于成都市浣花溪畔，是我国唐代诗人杜甫流寓成都时的居所，内有大廨、诗史堂、工部祠等建筑和杜甫雕像。园林内梅树成林，堂外溪水萦回，幽深雅致。杜甫草堂博物馆内陈列着杜甫行踪遗迹图片及国内外杜诗版本等资料，为全国重点文物保护单位。下面我先给大家简单介绍一下今天的游览路线。我们由正门进入，经大廨、诗史堂、柴门、工部祠，最后到达茅屋景区。整个行程大约需要90分钟。请大家记好我们的车牌号，4点的时候我们在停车场集合。现在请大家带好随身物品随我进入馆内参观。参观时请各位爱护馆内环境，不要大声喧哗。

正门外，一座青砖照壁作为前导，含蓄典雅。五重主体建筑——正门、大廨、诗史堂、柴门与工部祠均排列在一条中轴线上。

正门匾额上的"草堂"二字，是从碑亭中"少陵草堂"的石碑上拓印镌刻而成的。两侧的楹联"万里桥西宅，百花潭北庄"，出自杜诗《怀锦水居止其二》。这副楹联，点明了杜甫草堂当年的地理位置，即万里桥的西面、百花潭的北面。

大廨是中轴线上的第二重建筑，"廨"是官署的意思，指古代官员的办公室。宽敞的"大廨"当然不是杜甫的大办公室，这座建筑在清代嘉庆年间被修缮时被命名为"大廨"，这源自封建社会"官本位"的思想。

杜甫一生所创作的诗篇流传至今的有1400多首。他的这些诗歌真实而生动地展示了"安史之乱"前后唐朝社会的生活，反映了唐王朝由盛转衰的历史，涉及社会动荡、政治黑暗、人民疾苦等内容。因此，杜甫的诗也被后世称为"诗史"。中轴线上的第三重建筑"诗史堂"，就是因此而得名的。

柴门是中轴线上的第四重建筑。匾额上的"柴门"二字，是由我国现代国画大师潘天寿先生所题的。《野老》一诗中曾有"野老篱前江岸回，柴门不正逐江开"的诗句，杜甫称自家的院门为柴门。明代弘治十三年（1500年）重建草堂时，人们称之为"浣花深处"。清代嘉庆十六年（1811年）

重建草堂时，人们称之为"药栏花径"。20 世纪 60 年代，取《野老》原句，人们称之为"柴门"。

工部祠是中轴线上的最后一重建筑。匾额上的"工部祠"三个字，是由我国现代著名文学家叶圣陶先生所题的。"工部"为古代三省六部制中的六部之一，掌管营造工程之事。杜甫在成都的时候，曾任检校工部员外郎一职，所以后世多以"杜工部"尊称杜甫，因此纪念他的祠堂被称作"工部祠"。

位于工部祠东面的"少陵草堂"碑亭是杜甫草堂最具代表性的景点。亭中石碑高约 175 厘米，宽约 80 厘米，碑头上绘有双龙戏珠纹饰，碑身上端及左右两边均有龙纹图案。

由碑亭向北，经过一座木桥，我们就来到了茅屋景区。759 年，杜甫为避"安史之乱"，举家南迁，来到了当时远离战火的成都，在一个叫草堂寺的地方筑起了茅屋。杜甫举家南迁时，生活相当艰难。《江村》中的诗句"但有故人供禄米，微躯此外更何求？"说明草堂的修建是靠朋友资助的。杜甫字子美，自称少陵野老，所以这间茅屋也被称作"少陵草堂"。杜甫在这里生活了近 4 年，创作诗歌 200 余首，这段时间可谓杜甫诗歌创作生涯的辉煌时期。杜甫一生怀才不遇，但他在寓居成都草堂的这段时间里，生活比较安定，创作的诗歌大多具有田园风味。现在我们所看见的茅屋，是依据杜甫诗歌中的描写及明代草堂的格局重建的，溪水环抱，绿树成荫，芳草萋萋，很有一种返璞归真的意境。但杜甫毕竟是一位有远大抱负的人，忧国忧民的诗歌，仍是他创作的重要组成部分，其中尤以《茅屋为秋风所破歌》感人至深，堪称不朽之作。"安得广厦千万间，大庇天下寒士俱欢颜。风雨不动安如山！……吾庐独破受冻死亦足！"茅屋在风雨中飘摇，杜甫写下了这首脍炙人口的诗篇。他希望普天下的穷苦人家都能住进宽敞的大房子，哪怕当下自己受冻死去也行。由此可见杜甫深爱苍生、心怀天下的伟大风骨，不愧被誉为"诗圣"。杜甫在成都创作的诗歌给我们留下了宝贵的文学财富，所以世人把杜甫草堂视为中国文学史上的一块圣地。

朋友们，如果说武侯祠是用来纪念英雄豪杰的殿堂，那么杜甫草堂就是纪念一个客居成都多年的诗人的厅堂，所以您在游览时可尽情地去想象诗人的生活场景、身世经历以及诗人那些美妙无比的诗篇。

好了朋友们，接下来我们将前往草堂遗址发掘区继续游览。

实操训练

一、阅读范文，自主创作

1. 阅读成都杜甫草堂博物馆简介和讲解词范文，熟悉成都杜甫草堂博物馆的概况，将范文中提到的景点和知识点整理出来，然后构思讲解方式，尝试按范文进行模拟讲解。

2. 搜集关于成都杜甫草堂博物馆的零散素材，按照导游词的写作格式和要求，根据自己的讲解风格和表达习惯，设定相应团型，完成对成都杜甫草堂博物馆讲解词的分析梳理或改写创作。

二、分解练习

1. 朗读范文或自己按要求撰写的讲解词，规范读音，理顺语句，运用恰当的讲解方式和技巧，初步练习对成都杜甫草堂博物馆的讲解。

2. 熟记成都杜甫草堂博物馆的特色景点和相关知识点等。

3. 分段落记忆与背诵讲解词，通过反复练习，逐步完成对成都杜甫草堂博物馆的流畅讲解。

★ 活动三：考核评价

将学生分成若干小组，每组 6 人，一人担任讲解员，其他人扮演游客，进行模拟讲解实操训练。组内成员轮流担任讲解员，模拟讲解完毕后，填写任务评价表。

【任务评价】

评价项目	自我评定	小组评定	教师评定
仪容仪表（10分）			
礼节礼貌（15分）			
语音语调（10分）			
口头表达（20分）			
体态语言（10分）			
讲解内容（20分）			
讲解技巧（15分）			
总评（等级评定）			
等级评定：优（90分及以上）、良（80~89分）、中（70~79分）、合格（60~69分）、不合格（60分以下）			

【实训心得】

_____

_____

_____

_____

_____

任务六　金沙遗址博物馆导游词讲解实操训练

★ 活动一：课前准备

一、金沙遗址博物馆简介

金沙遗址是公元前 12 世纪至公元前 7 世纪长江上游古代文明中心——古蜀王国的都邑。金沙遗址是中国进入 21 世纪后的第一个重大考古发现，也是四川省继三星堆之后又一个重大考古发现。大量珍贵文物的出土为考古发掘带来了接连不断的惊喜。金沙遗址已发现的重要遗迹有大型建筑基址、祭祀区、一般居住遗址、大型墓地等，出土了金器、铜器、玉器、石器、象牙器、漆器等珍贵文物，还有数以万计的陶片、数以吨计的象牙以及数以千计的野猪獠牙和鹿角，堪称世界范围内出土金器、玉器最丰富，象牙最密集的遗址。

金沙遗址的发现，极大地丰富了古蜀文化的内涵，对蜀文化起源、发展、衰亡的研究有着重大意义，特别是为破解三星堆文明突然消亡之谜提供了有力证据。金沙遗址重现了一段失落的历史，再现了古代蜀国的辉煌，并与成都平原的史前城址群、三星堆遗址、战国船棺墓葬共同构建了古蜀文明发展演进的四个阶段，共同证明了成都平原是长江上游文明起源的中心，为中华文明起源"多元一体"学说的确立提供了重要佐证。

金沙遗址博物馆被评为全国重点文物保护单位、国家一级博物馆、国家 AAAA 级旅游景区。

二、实训前的准备

1.物质准备：讲解证、导游旗、随身包、记事本、金沙遗址博物馆游览路线图、无线讲解器、遮阳伞（雨伞）等。

2.心理准备：充满自信，告诉自己一定能完成接待任务，坚定吃苦耐劳的信念，了解游客的基本信息和需求，分析金沙遗址博物馆的哪些方面最令游客感兴趣，熟悉金沙遗址博物馆的讲解词范文。

3.形象准备：衣着整洁、大方，男士不得留胡须，女士不得化浓妆、留长指甲。

4.仔细核实接待计划，根据游客的特点，设定团型，并选择适合的讲解风格。

★ 活动二：范文赏析及实操训练

📖 范文赏析

金沙遗址博物馆讲解词

各位游客大家好，欢迎来到金沙遗址博物馆参观游览。我是景区讲解员小张，今天将由我带领大家参观游览。

金沙遗址博物馆是一座为保护、研究、展示金沙文化和古蜀文明而兴建的考古博物馆，占地面积30万平方米，总建筑面积约40000平方米，分为遗迹馆、陈列馆、文物保护与修复中心、文化交流中心、园林区等部分。馆藏文物种类丰富、体系完整，均具有较高的历史、科学、文化及艺术价值。陈列展览从考古现场、生态环境、生产生活、宗教祭祀、文化背景等多个角度，全面展示了古蜀金沙王国的辉煌。

金沙遗址博物馆的两大主体建筑——遗迹馆和陈列馆，分别位于摸底河的南北两岸，一方一圆，刚柔并济，相得益彰，成为成都市重要的地标性建筑。遗迹馆位于博物馆东部、摸底河以南，是一座呈斜坡状的半圆形全钢架建筑。遗迹馆是金沙遗址大型祭祀活动场所的发掘地，是目前中国保存最完整，延续时间最长，祭祀遗迹、遗物最丰富的祭祀遗存。陈列馆位于摸底河北岸，是一座呈斜坡状的方形全钢架建筑。陈列馆由五个展厅组成，以重要遗迹、遗物为主要内容，利用现代科技手段，生动形象地从生态环境、建筑形态、生产生活、丧葬习俗、宗教祭祀等多个角度，全面展示了古蜀金沙的灿烂与辉煌。第四展厅内荟萃了金沙遗址最有特色的30余件精品，其中以太阳神鸟金饰、黄金面具、金冠带、玉琮、玉璋、石虎最令人瞩目。下面我主要对商周太阳神鸟金饰和商周大金面具做具体解说。

金沙遗址出土的太阳神鸟金饰，被确定为中国文化遗产标志和成都城市形象标识的主体图案。商周太阳神鸟金饰，外径12.53厘米，内径5.29厘米，厚0.02厘米，金质，整体为圆形，厚度均匀。图案分为内外两层，均以镂空的形式呈现。内层图案中心为一个没有边栏的圆圈，周围等距分布有十二条顺时针旋转的齿状芒，芒呈细长獠牙状，外端尖，图案好似空中旋转不停的太阳。外层图案由四只相同的鸟组成，它们等距分布于内层太阳的周围，引颈伸腿，展翅飞翔。四只鸟的头部和爪子前后相接，它们均逆时针飞行，飞行方向与内层太阳芒纹的方向相反。整器采用捶揲、剪切和打磨等多种加工手法，正面打磨

光亮，背面未经打磨，较粗糙。该件藏品有着丰富的历史文化内涵，具有重大的历史、艺术和科学价值，是研究商周时期古蜀先民金器制作工艺、青铜文明以及深层次的意识形态的重要实物资料。

商周大金面具，长 20.5 厘米，宽 10.4 厘米，高 10.7 厘米，厚 0.08 厘米，金质，是在模具上捶揲成型的，眼睛、鼻子、嘴巴、耳朵则采用剪切的方式形成。面相近方，平额，眉毛略微凸起，中央宽而两端收束。眼眶较大，双眼镂空约呈菱形，上眼帘呈弧形，下眼帘深凹。鼻梁高直，鼻翼与颧骨线相连。嘴巴镂空呈微张之态。耳朵外展，上宽下窄，上半部分凹入，耳垂穿孔。嘴巴微张，呈狭长方形，下颌平直。整个脸部丰满，表情威严，具有一定的写实风格。商周大金面具具有重大的历史、艺术和科学价值，是研究商周时期成都地区古蜀文明、金器加工工艺、青铜文明以及四川盆地与外地文化交流的重要实物资料。

好了，我的解说就先告一段落了。接下来的时间大家自由参观，一小时后我们在博物馆门口集合。

📚 实操训练

一、阅读范文，自主创作

1.阅读金沙遗址博物馆简介和讲解词范文，熟悉金沙遗址博物馆的概况，将范文中提到的展品整理出来，然后构思讲解方式，尝试按范文进行模拟讲解。

2.搜集关于金沙遗址博物馆的零散素材，按照导游词的写作格式和要求，根据自己的讲解风格和表达习惯，设定相应团型，完成对金沙遗址博物馆讲解词的分析梳理或改写创作。

二、分解练习

1.朗读范文或自己按要求撰写的讲解词，规范读音，理顺语句，运用恰当的讲解方式和技巧，初步练习对金沙遗址博物馆的讲解。

2.熟记金沙遗址博物馆的布局、特色展品等。

3.分段落记忆与背诵讲解词，通过反复练习，逐步完成对金沙遗址博物馆的流畅讲解。

⭐ 活动三：考核评价

将学生分成若干小组，每组 6 人，一人担任讲解员，其他人扮演游客，进行模拟讲解实操训练。组内成员轮流担任讲解员，模拟讲解完毕后，填写任务评价表。

【任务评价】

评价项目	自我评定	小组评定	教师评定
仪容仪表（10分）			
礼节礼貌（15分）			
语音语调（10分）			
口头表达（20分）			
体态语言（10分）			
讲解内容（20分）			
讲解技巧（15分）			
总评（等级评定）			
等级评定：优（90分及以上）、良（80~89分）、中（70~79分）、合格（60~69分）、不合格（60分以下）			

【实训心得】

_____
_____
_____
_____
_____

任务七　三星堆博物馆导游词讲解实操训练

模块四任务七

★ 活动一：课前准备

一、三星堆博物馆简介

三星堆遗址是中国新石器时代末期至商代的大型古蜀文化遗址，位于四川省广汉市南兴镇北面。三星堆精美绝伦的文物群体，是古蜀先民精神世界的生动写照。礼敬天地的美玉、造型独特的神坛、纵目千里的面具、人鸟合一的神像、振翅飞翔的凤鸟、达地通天的神树——深藏着对天地神祇、自然万物的无比虔敬，展现了古蜀先民浪漫的想象力和非凡的创造力。三星堆遗址是全国重点文物保护单位，是我国西南地区发现的分布范围广、延续时间长、文化内涵丰富的古文化遗址。20世纪20～30年代，广汉月亮湾燕家院子发现玉石器。50～60年代，考古工作者在三星堆遗址不断开展调查和试掘。1980年后，三星堆考古进入系统发掘和研究阶段。1986年，两个祭祀坑的发现震惊天下。随着考古工作的推进，城墙、大型建筑基址等重要遗存被发现，三星堆古城格局逐渐明晰。2019年以来，六个祭祀坑的发现再次引起广泛关注。考古学家将该遗址群的文化遗存分为四期，其中一期为早期堆积，属于新石器时代晚期文化，二至四期则属于青铜文化。所出土的陶器、石器、玉器、铜器、金器，具有鲜明的地方文化特征，自成一个文化体系，已被中国考古学者命名为"三星堆文化"。近年来，相继发掘了3号、4号、5号、6号、7号、8号坑。2022年6月13日，四川省文物考古研究院在三星堆博物馆召开新闻发布会，对"考古中国"重大项目三星堆遗址考古发掘进行阶段性成果发布，宣布新发现的这6座坑共计出土编号文物近13000件，其中相对完整的文物3155件。2024年1月5日，三星堆正式荣获"国家文物保护利用示范区"称号。

二、实训前的准备

1.物质准备：讲解证、导游旗、随身包、记事本、三星堆博物馆游览路线图、无线讲解器、遮阳伞（雨伞）等。

2.心理准备：充满自信，告诉自己一定能完成接待任务，坚定吃苦耐劳的信念，了解游客的基本信息和需求，分析三星堆博物馆的哪些方面最令游客感兴趣，熟悉三星堆博物馆的讲解词范文。

3.形象准备：衣着整洁、大方，男士不得留胡须，女士不得化浓妆、留长指甲。

4.仔细核实接待计划，根据游客的特点，设定团型，并选择适合的讲解风格。

★ 活动二：范文赏析及实操训练

📖 范文赏析

三星堆博物馆讲解词

各位游客大家好，欢迎来到三星堆博物馆参观游览。我是讲解员小张。今天将由我带领大家重点了解三星堆的商青铜立人像和商金杖。请大家有序参观，文明游览。

在三星堆众多的青铜雕像群中，足以领衔群像的最高统治者非商青铜立人像莫属。不论是从

服饰、形象还是从体量等各方面看，这尊立人像都堪称"领袖"人物。在世界范围内，它是现存最高、最完整的青铜立人像，被誉为"世界铜像之王"。雕像采用分段浇铸法铸造而成，身体中空，分人像和底座两部分。人像头戴高冠，身穿窄袖与半臂式衣服——共三层，衣上纹饰繁复精丽，以龙纹为主，辅配鸟纹、虫纹和目纹等，身佩方格纹带饰。其制作之精美细腻，迄今为止，在夏商周考古史上绝无仅有。其双手环握中空，两臂略呈环抱状构势于胸前。脚戴足镯，赤足站立于方形怪兽座上。其整体形象庄重，似乎表现的是一个具有通天异禀、神威赫赫的大人物正在作法。其所站立的方台可被理解为其作法的道场——神坛或神山。立人像净高180厘米，通高260.8厘米。这尊"纪念碑"式的立人像，高鼻梁、大眼睛、深眼眶、大耳朵，其相貌与中原人差别较大。它究竟象征什么身份呢？对此学术界有几种不同的意见。一种意见认为青铜立人像是一代蜀王形象，既是政治君王，又是群巫之长。另一种意见认为它是古蜀神权政治领袖形象。还有一种意见认为其形象酷似汉语古文字中"尸"字的字形，应将其解读为"立尸"。这种观点所提到的"尸"，大体来说，具有主持祭神仪式的主祭者和作为神灵象征的受祭者的双重身份。与之相对的观点则认为该人像与古文献中所谓"立尸"或"坐尸"的内涵截然不同。我们倾向于认为，他是三星堆古蜀国集神、巫、王三者身份于一体的最具权威性的领袖人物，是神权与王权最高权力之象征。人像身佩的方格纹带饰，具有表征权威的"法带"性质，其衣服上的几组龙纹装饰似有与神灵交感互渗的意义，其所穿之衣很可能是巫师的法衣。

商金杖出土于1号祭祀坑，全长1.42米，直径2.3厘米，净重约500克。它是代表政治权力与宗教权力的权杖，为古蜀国最高的政治人物与宗教人物所用。商金杖是已出土的中国同时期金器中体量最大的一件。金杖系将金条捶打成金皮后，再包卷在木杖上的金器；出土时木杖已炭化，仅存金皮，金皮内还残留有炭化的木渣。金杖一端有一段长约46厘米的图案，图案共分三组。靠近端头的一组，合拢看为两个前后对称、头戴五齿巫冠、耳饰三角形耳坠的人头像。另外两组图案相同，其上、下方分别是两背相对的鸟与鱼，鸟的颈部和鱼的头部叠压着一支箭状物。

有学者研究后认为，金杖上的人头图案，与青铜立人像相同，都是头戴高冠，耳饰三角形耳坠，这也就表明杖身所刻的人头代表着蜀王及其权力。另外，鱼能够深潜到水底，鸟能够飞到天上，鱼、鸟的形象象征蜀王具有上天入地的神通。

好了，我的解说就先告一段落了。接下来的时间大家自由参观，30 分钟后，请随我到下一个展厅参观。

实操训练

一、阅读范文，自主创作

1. 阅读三星堆博物馆简介和讲解词范文，熟悉三星堆博物馆的概况，将范文中提到的展品整理出来，然后构思讲解方式，尝试按范文进行模拟讲解。

2. 搜集关于三星堆博物馆的零散素材，按照导游词的写作格式和要求，根据自己的讲解风格和表达习惯，设定相应团型，完成对三星堆博物馆讲解词的分析梳理或改写创作。

二、分解练习

1. 朗读范文或自己按要求撰写的讲解词，规范读音，理顺语句，运用恰当的讲解方式和技巧，初步练习对三星堆博物馆的讲解。

2. 熟记三星堆博物馆的地理位置、特色展品等。

3. 分段落记忆与背诵讲解词，通过反复练习，逐步完成对三星堆博物馆的流畅讲解。

★ 活动三：考核评价

将学生分成若干小组，每组 6 人，一人担任讲解员，其他人扮演游客，进行模拟讲解实操训练。组内成员轮流担任讲解员，模拟讲解完毕后，填写任务评价表。

【任务评价】

评价项目	自我评定	小组评定	教师评定
仪容仪表（10 分）			
礼节礼貌（15 分）			
语音语调（10 分）			
口头表达（20 分）			
体态语言（10 分）			
讲解内容（20 分）			
讲解技巧（15 分）			
总评（等级评定）			
等级评定：优（90 分及以上）、良（80~89 分）、中（70~79 分）、合格（60~69 分）、不合格（60 分以下）			

【实训心得】

模块五 四川省其他著名景区（点）导游词讲解实操训练

模块目标

素养目标：

★ 坚定理想信念，传承中华优秀传统文化，自觉树立和践行社会主义核心价值观，提高使命感与责任感，强化学习能力和社会实践能力

★ 提高积极宣传家乡文化以及热爱家乡的意识

知识目标：

★ 了解四川省九个著名景区（点）的概况

★ 熟悉四川省九个著名景区（点）的传说、典故和历史

★ 掌握四川省九个著名景区（点）的基本特征和特色

能力目标：

★ 能在讲解时注重礼仪

★ 能熟练地运用讲解技巧进行趣味讲解

★ 能在讲解服务中熟练地应对各种突发事件

模块导入

天府之国，美丽四川

四川旅游业是中国西南地区的重要支柱产业，近年来，随着四川省经济的快速发展和旅游资源的深度开发与保护，呈现出蓬勃发展的态势。四川以其壮丽的自然风光、丰富的文化遗产、浓郁的民族风情以及独特的美食文化，吸引了国内外大量游客。近年来，四川省政府加大了对旅游业的投入，推动景区升级、旅游设施建设、旅游品牌打造，同时加强旅游市场监管，提升服务质量，持续营造良好的旅游环境。

作为未来的景区（点）讲解员，我们应该怎样向世界展示四川的美呢？

模块任务

学生通过学习本模块的知识，完成以下任务。

任务一：参照九寨沟旅游景区（点）的模拟讲解词范文，完成对九寨沟旅游景区（点）的导游词讲解实操训练，并完成【任务评价】和【实训心得】的填写。

任务二：参照黄龙旅游景区（点）的模拟讲解词范文，完成对黄龙旅游景区（点）的导游词讲解实操训练，并完成【任务评价】和【实训心得】的填写。

任务三：参照四姑娘山旅游景区（点）的模拟讲解词范文，完成对四姑娘山旅游景区（点）的导游词讲解实操训练，并完成【任务评价】和【实训心得】的填写。

任务四：参照西岭雪山旅游景区（点）的模拟讲解词范文，完成对西岭雪山旅游景区（点）的导游词讲解实操训练，并完成【任务评价】和【实训心得】的填写。

任务五：参照都江堰旅游景区（点）的模拟讲解词范文，完成对都江堰旅游景区（点）的导游词讲解实操训练，并完成【任务评价】和【实训心得】的填写。

任务六：参照邓小平故里的模拟讲解词范文，完成对邓小平故里的导游词讲解实操训练，并完成【任务评价】和【实训心得】的填写。

任务七：参照青城山旅游景区（点）的模拟讲解词范文，完成对青城山旅游景区（点）的导游词讲解实操训练，并完成【任务评价】和【实训心得】的填写。

任务八：参照峨眉山旅游景区（点）的模拟讲解词范文，完成对峨眉山旅游景区（点）的导游词讲解实操训练，并完成【任务评价】和【实训心得】的填写。

任务九：参照剑门关旅游景区（点）的模拟讲解词范文，完成对剑门关旅游景区（点）的导游词讲解实操训练，并完成【任务评价】和【实训心得】的填写。

模块五任务一

任务一　九寨沟旅游景区（点）导游词讲解实操训练

★ 活动一：课前准备

一、九寨沟旅游景区（点）简介

九寨沟风景区，位于四川省西北部岷山山脉南段的阿坝藏族羌族自治州九寨沟县境内，地处岷山南段弓杠岭的东北侧，是国家 AAAAA 级旅游景区、国家重点风景名胜区、世界自然遗产、国家级自然保护区、国家地质公园、世界生物圈保护区，被世人誉为"童话世界"，号称"水景之王"，故有"九寨归来不看水"之说。九寨沟距离成都市 400 多千米，系长江水系嘉陵江上游白水江源头的一条大支沟。九寨沟自然保护区地势南高北低，山谷深切，高低悬殊。北缘九寨沟口海拔 2000 米，中部峰岭均在 4000 米以上，南缘为 4500 米以上，主沟长 30 多千米。九寨沟的得名来自景区内的九个藏族寨子（树正寨、则查洼寨、黑角寨、荷叶寨、盘亚寨、亚拉寨、尖盘寨、热西寨、郭都寨），这九个寨子又被称为"和药九寨"。由于九个寨子的藏族民众世代居住于此，故名"九寨沟"。九寨沟的动植物资源丰富，具有极高的生态保护、科学研究和美学旅游价值。高山湖泊群、瀑布、彩林、雪峰、蓝冰湖和藏族风情并称"九寨沟六绝"。九寨沟还是以地质遗迹钙化湖泊、滩流、瀑布景观、岩溶水系统和森林生态系统为主要保护对象的国家地质公园，具有极高的科研价值。

九寨沟景区面积大，景点众多，典型景点包括五花海、五彩池、长海、诺日朗瀑布、树正群海、芦苇海、镜海、珍珠滩瀑布、犀牛海、扎如寺、火花海、熊猫海等。

二、实训前的准备

1. 物质准备：讲解证、导游旗、随身包、记事本、九寨沟旅游景区（点）游览路线图、无线讲解器、遮阳伞（雨伞）等。

2. 心理准备：充满自信，告诉自己一定能完成接待任务，坚定吃苦耐劳的信念，了解游客的基本信息和需求，分析九寨沟旅游景区（点）的哪些方面最令游客感兴趣，熟悉九寨沟旅游景区（点）的讲解词范文。

3. 形象准备：衣着整洁、大方，男士不得留胡须，女士不得化浓妆、留长指甲。

4. 仔细核实接待计划，根据游客的特点，设定团型，并选择适合的讲解风格。

★ 活动二：范文赏析及实操训练

📖 范文赏析

九寨沟旅游景区（点）讲解词

各位游客大家好，欢迎来到"人间仙境"——九寨沟风景区，我是讲解员小张。在这里，请允许我代表阿坝州各族人民热忱欢迎您的到来，希望我的讲解能为您此次九寨之旅增添一份温馨、一份快乐。朋友们，来到九寨沟，您就是沟内最尊贵的客人，希望您在沟内玩得开心，玩得尽兴。

九寨沟是国家 AAAAA 级旅游景区、国家重点风景名胜区、世界自然遗产、国家级自然保护区、国家地质公园、世界生物圈保护区。

九寨沟的得名来自景区内的九个藏族寨子，这九个寨子又被称为"和药九寨"。由于九个寨子的藏族民众世代居住于此，故名"九寨沟"。

今天我们主要游览的是树正沟的景点。所谓步移景异，车动景变，大家请看向我的右手方——这个景点叫作盆景滩，又称"盆景海"，是进入九寨沟的第一个滩流景观。盆景滩里的乳白色钙华浅滩上，生长着多种植物，河水清澈，漫滩流淌，杂树衬缀其间，盘根错节，一树一景，各异其趣，如盆景罗列。盆景滩另一个别处见不到的神奇之处就是，海子当中千奇百怪的树枝树干。由于自然变异，这些树都生长出了能够直接从水中汲取养分的根须。盆景滩，更像是无数的盆景散落在浅滩之中，或张扬婆娑，或简洁修长，或盘曲如龙，或探水如虹，万般姿态，千奇百怪。

现在，我们的车到达下一个景点了。请看，我们眼前的是半沼泽湖泊芦苇海。芦苇海因岩石自然风化痕迹和植物装饰作用，形成了一副端庄秀丽的少女脸庞，传说是九寨沟的沃洛色嫫女神。水鸟飞翔，清溪碧流，漾绿摇翠，蜿蜒空行，好一派泽国风光。在芦苇海中，荡荡芦苇，一片青葱，微风徐来，绿浪起伏，飒飒之声，委婉抒情，使人心旷神怡。鹅绒绒的芦花，摇曳生姿、翩翩起舞，

掀起层层絮潮，引来队队鹭鸶，双双野鸭，于是整个芦苇海中充满了生气，撞击出诗的韵律，叩击着人们的心扉。芦苇海里芦苇丛生，随风舞动，是水鸟栖息的家园。

下面这个景点与龙有关——叫作卧龙海。卧龙海的水底有条乳黄色的钙华堤埂，外形像沉卧

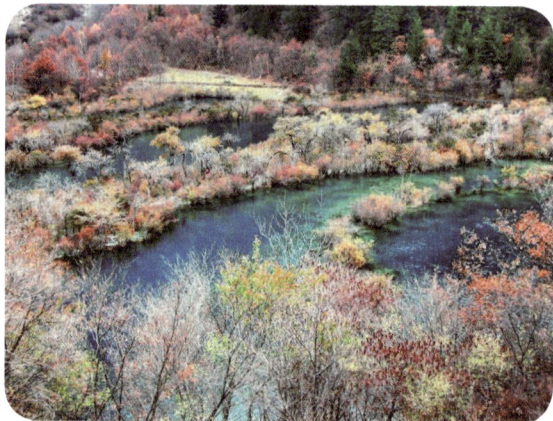

在水中的巨龙。湖面水波不兴，宁静祥和，像一块光滑平整、晶莹剔透的蓝宝石。卧龙海四周长满了各色花草树木，春夏时节，蓊蓊郁郁，海子蓝绿色的水越显浓烈，醉人心田。秋风起时，满堤红叶绿树倒映于湖面上，美不胜收。

朋友们请看，我们前方的美景就是树正群海了。树正群海是在河谷叠加泥石流堆积物的基础上，再经钙华沉积，形成的大小 19 个海子。19 个

海子就如 19 块碧绿的翡翠，镶嵌在这深山幽谷之中，中间由绿树、银色的小瀑布相连，就如给树正寨戴上了一条美丽的翡翠项链。这里森林、湖泊、小瀑布相错相连，呈现"树在水中生，水在林间流，人在画中游"的奇特景观。

接下来的时间是大家自由活动的时间，愿这里的美景能够成为您一段难忘的回忆。中午 12 点，请大家在寨子门口集合，我们将前往接待中心品尝特色风味美食。

实操训练

一、阅读范文，自主创作

1. 阅读九寨沟旅游景区（点）简介和讲解词范文，熟悉九寨沟旅游景区（点）的概况，将范文中提到的景点整理出来，然后构思讲解方式，尝试按范文进行模拟讲解。

2. 搜集关于九寨沟旅游景区（点）的零散素材，按照导游词的写作格式和要求，根据自己的讲解风格和表达习惯，设定相应团型，完成对九寨沟旅游景区（点）讲解词的分析梳理或改写创作。

二、分解练习

1. 朗读范文或自己按要求撰写的讲解词，规范读音，理顺语句，运用恰当的讲解方式和技巧，初步练习对九寨沟旅游景区（点）的讲解。

2. 熟记九寨沟旅游景区（点）的地理位置、特色景点等。

3. 分段落记忆与背诵讲解词，通过反复练习，逐步完成对九寨沟旅游景区（点）的流畅讲解。

★ 活动三：考核评价

将学生分成若干小组，每组 6 人，一人担任讲解员，其他人扮演游客，进行模拟讲解实操训练。组内成员轮流担任讲解员，模拟讲解完毕后，填写任务评价表。

【任务评价】

评价项目	自我评定	小组评定	教师评定
仪容仪表（10 分）			
礼节礼貌（15 分）			
语音语调（10 分）			
口头表达（20 分）			
体态语言（10 分）			
讲解内容（20 分）			
讲解技巧（15 分）			
总评（等级评定）			
等级评定：优（90 分及以上）、良（80~89 分）、中（70~79 分）、合格（60~69 分）、不合格（60 分以下）			

【实训心得】

_____

_____

_____

_____

_____

任务二　黄龙旅游景区（点）导游词讲解实操训练

模块五任务二

⭐ 活动一：课前准备

一、黄龙旅游景区（点）简介

黄龙风景名胜区位于四川省阿坝藏族羌族自治州松潘县，是中国保护完好的高原湿地之一。黄龙以彩池、雪山、峡谷、森林"四绝"著称于世，再加上滩流、古寺、民俗，有"七绝"，由黄龙沟、丹云峡、牟尼沟、雪宝顶、雪山梁、红星岩、西沟等景区组成，主要景观集中于长约 3.6 千米的黄龙沟内。沟内遍布碳酸钙华沉积——呈梯田状

排列，以丰富的动植物资源享誉世界，享有"世界奇观""人间瑶池"等美誉。除了高山景观，我们还可以发现各种不同的森林生态系统，以及石灰岩地貌、瀑布和温泉。这一地区还生存着许多珍稀动物，包括大熊猫和金丝猴等。黄龙以规模宏大、结构奇巧、色彩艳丽的地表钙华景观为主景，以喀斯特地貌蜚声中外。黄龙风景名胜区是世界自然遗产、世界人与生物圈保护区、国家 AAAAA 级旅游景区。

二、实训前的准备

1. 物质准备：讲解证、导游旗、随身包、记事本、黄龙旅游景区（点）游览路线图、无线讲解器、遮阳伞（雨伞）等。

2. 心理准备：充满自信，告诉自己一定能完成接待任务，坚定吃苦耐劳的信念，了解游客的基本信息和需求，分析黄龙旅游景区（点）的哪些方面最令游客感兴趣，熟悉黄龙旅游景区（点）

的讲解词范文。

3.形象准备：衣着整洁、大方，男士不得留胡须，女士不得化浓妆、留长指甲。

4.仔细核实接待计划，根据游客的特点，设定团型，并选择适合的讲解风格。

★ 活动二：范文赏析及实操训练

📖 范文赏析

黄龙旅游景区（点）讲解词

各位游客大家好，欢迎来到黄龙风景名胜区。我是讲解员小张，今天将由我带领大家参观游览。黄龙，位于四川省阿坝藏族羌族自治州松潘县境内的岷山主峰雪宝顶下，是国务院公布的首批国家级风景名胜区，1992年同九寨沟一道被列入世界自然遗产名录。黄龙景观的形成与从沟顶端分水岭处流出的一股泉水有直接关系。泉水富含碳酸钙，它顺坡漫流而下，没有固定的河床。在溪水顺坡而下的过程中，碳酸钙物质逐渐沉淀，形成了以乳白色和淡黄色为基调的钙华景观。黄龙景观以雪山和森林共同环绕着无数形态各异的钙华彩池为主要特色，看过的人几乎无人不被它的美倾倒。

两座神山——雪宝顶和睡美人山交相辉映。雪宝顶是岷山山脉的主峰，终年积雪不化，是当地民众心中的圣山；睡美人山，是五彩池对面的大山，形如仰卧的美人。如果说雪宝顶有着男性的阳刚之美，那睡美人山表现的则是女性的阴柔之美。两山遥相呼应，一阳一阴，忠诚地守护着这片神圣的土地。

现在我们看到的这条小河，就是涪江的源头，这个桥叫作涪源桥。我们过了涪源桥，沿着林间小道进入沟口，迎接我们的是一组梯级水池，它被命名为"迎宾池"。迎宾池由上百个以蓝色为基调的彩池组成，池子大小不一，形态各异。山间石径环绕着池子曲折盘旋，把游人迎进景区，又把游人送往景区深处。池子周围古树参天，群花争艳；池子的堤埂犹如由玉石、玛瑙雕琢而成，玲珑剔透。池中清水，湛蓝透绿。阳光透过树隙照在湖面上，变幻着黄、绿、蓝各种色调。微风吹过，池中泛起阵阵彩色涟漪，格外清艳动人，这便是人们赞叹不已的"黄龙彩池"的第一处景观了。

告别迎宾池，我们沿着曲折的栈道盘旋而上。在我们的左前方，可见到千层碧水冲破密林，顺坡而下，在高约 10 米、宽约 60 米的岩坎上飞泻而来，形成数十道梯形瀑布。它们如珍珠滚落，银光闪烁；如水帘高挂，云雾蒸腾；如丝般缓流，舒展飘逸；如珠帘闪动，风姿绰约。瀑布后有一座陡崖，是以金黄色为基调的钙华结晶面，它使整个瀑布显得富丽壮观，经余晖点染，反射出不同的色彩，远望如彩霞从天而降，分外辉煌夺目，号称"飞瀑流辉"。

翻越了钙华崖壁之后，眼前的景象豁然开朗，展现在我们面前的是偌大一片坡状钙华景观。这就是被人们称为"金沙铺地"的钙华流，它长约 1500 米，宽约 100 米。据有关专家认定，这是目前世界上发现的同类形态景观中面积最大、色彩最丰富的一处。坡面的岩溶层凹凸不平，色调以金黄色为主，间或有乳白色、灰色、暗绿色板块镶嵌其中。坡面上荡漾着一层薄薄的清流。"金沙铺地"的左侧面，有一组由近百个水池组成的井然有序、错落有致的池群。池堤随树的根茎与地势而变，堤连岸接，活水同源，顺势层层叠置。池中有池，池外套池，此即盆景池。爬上"金沙铺地"的顶端，俯视整个钙华坡面，竟是两侧低、中间一溜脊梁，其表面呈鳞状，宛如一条黄色的蛟龙俯卧在坡面，因此得名黄龙了。

好了，黄龙风景区就给您介绍到这儿啦。各位随意参观拍照，30 分钟后请随我到下一个景点。

实操训练

一、阅读范文，自主创作

1. 阅读黄龙旅游景区（点）简介和讲解词范文，熟悉黄龙旅游景区（点）的概况，将范文中提到的景点整理出来，然后构思讲解方式，尝试按范文进行模拟讲解。

2. 搜集关于黄龙旅游景区（点）的零散素材，按照导游词的写作格式和要求，根据自己的讲解风格和表达习惯，设定相应团型，完成对黄龙旅游景区（点）讲解词的分析梳理或改写创作。

二、分解练习

1. 朗读范文或自己按要求撰写的讲解词，规范读音，理顺语句，运用恰当的讲解方式和技巧，初步练习对黄龙旅游景区（点）的讲解。

2. 熟记黄龙旅游景区（点）的地理位置、特色景点等。

3. 分段落记忆与背诵讲解词，通过反复练习，逐步完成对黄龙旅游景区（点）的流畅讲解。

★ 活动三：考核评价

　　将学生分成若干小组，每组 6 人，一人担任讲解员，其他人扮演游客，进行模拟讲解实操训练。组内成员轮流担任讲解员，模拟讲解完毕后，填写任务评价表。

【任务评价】

评价项目	自我评定	小组评定	教师评定
仪容仪表（10 分）			
礼节礼貌（15 分）			
语音语调（10 分）			
口头表达（20 分）			
体态语言（10 分）			
讲解内容（20 分）			
讲解技巧（15 分）			
总评（等级评定）			
等级评定：优（90 分及以上）、良（80~89 分）、中（70~79 分）、合格（60~69 分）、不合格（60 分以下）			

【实训心得】

_____

_____

_____

_____

_____

_____

任务三　四姑娘山旅游景区（点）导游词讲解实操训练

模块五任务三

★ 活动一：课前准备

一、四姑娘山旅游景区（点）简介

　　四姑娘山风景区位于四川省阿坝藏族羌族自治州小金县四姑娘山镇境内，地处青藏高原东部边缘，属于四川盆地向青藏高原过渡的地带。景区的核心景点为"三沟一山"："三沟"是指双桥沟、

长坪沟、海子沟;"一山"是指四姑娘山(包括幺妹峰、三姑娘山、二姑娘山、大姑娘山)。四姑娘山以雄峻挺拔闻名,山体陡峭,直至蓝天,冰雪覆盖,银光照人。1982年,四姑娘山被列为我国十大登山名山之一,1994年被列为国家重点风景名胜区,1996年被载入《国家级自然保护区名录》,2001年成为国家首批AAAA级旅游景区,2005年被批准为国家级地质公园,2006年被列为四川大熊猫栖息地世界自然遗产,2014年获"国家环保科普基地"称号,2024年被评为国家AAAAA级旅游景区。

二、实训前的准备

1.物质准备:讲解证、导游旗、随身包、记事本、四姑娘山旅游景区(点)游览路线图、无线讲解器、遮阳伞(雨伞)等。

2.心理准备:充满自信,告诉自己一定能完成接待任务,坚定吃苦耐劳的信念,了解游客的基本信息和需求,分析四姑娘山旅游景区(点)的哪些方面最令游客感兴趣,熟悉四姑娘山旅游景区(点)的讲解词范文。

3.形象准备:衣着整洁、大方,男士不得留胡须,女士不得化浓妆、留长指甲。

4.仔细核实接待计划,根据游客的特点,设定团型,并选择适合的讲解风格。

★ 活动二:范文赏析及实操训练

📖 范文赏析

四姑娘山旅游景区(点)讲解词

各位游客大家好,欢迎来到四姑娘山风景区。我是讲解员扎西卓玛,大家可以叫我卓玛,今天将由我带领大家参观游览。

四姑娘山风景区由"三沟一山"组成。三沟,即双桥沟、长坪沟、海子沟,一山指四姑娘山。四姑娘山位于中心位置,东有海子沟,中有长坪沟,西有双桥沟。

双桥沟是四姑娘山三条沟中开发最深入、景色最丰富、最适合大众旅游的景区,全长40余千米,面积约216平方千米。双桥沟的得名是因为当地老百姓为了便于通行,在沟内搭建了两座木桥:其中一座是由杨柳木搭建而成的,俗称杨柳桥;另一座是由红杉木搭建而成的,俗称便民桥。沟内山势陡峭，曲折幽深，山水相依，草木相间，云遮雾绕，宛若仙境。沟内景观分为三个景观段：前段景观包括杨柳桥、阴阳谷、白杨林带、五色山等，中段景观包括撵鱼坝、沙棘林、尖山子、九架海等，后段景观包括古猿峰、猎人峰、鹰嗉岩、金鸡岭等。

大家请看我们两侧的绿树，它们就是沙棘树。双桥沟的沙棘树不仅成片成林，生长茂密，而且特别高大。沙棘树是胡颓子科沙棘属的一个亚种，本来是灌木，但是在这里，由于受到四姑娘山景区内特殊生态环境的影响，它们长成了眼前这样高大的乔木。成熟的沙棘果有"天然维生素宝库"的美誉。我们的游客中心有用沙棘制作的系列产品，有兴趣的朋友可以买来品尝一下，也可以作为特产馈赠亲友哦。这片沙棘林的上方就是日月宝镜峰了。日月宝镜峰海拔 5609 米，其顶部是由两个不规则的倾斜长方形平面组成的。它高耸挺拔，崖壁闪亮，四季冰雪覆盖，在阳光照耀下闪闪发光，看上去就像一面镜子。山峰中间有一条裂缝，左边像一个"日"字，右边像一个"月"字，所以被称为"日月宝镜"。日月宝镜峰采四方光影，浑然天成的姿态无可比拟，是岁月长河里大自然精雕细琢的精品。

好了，我的讲解就先告一段落了。各位随意参观拍照，30 分钟后大家在这里集合，我们将前往下一个景点。

📚 实操训练

一、阅读范文，自主创作

1.阅读四姑娘山旅游景区（点）简介和讲解词范文，熟悉四姑娘山旅游景区（点）的概况，将范文中提到的景点整理出来，然后构思讲解方式，尝试按范文进行模拟讲解。

2.搜集关于四姑娘山旅游景区（点）的零散素材，按照导游词的写作格式和要求，根据自己的讲解风格和表达习惯，设定相应团型，完成对四姑娘山旅游景区（点）讲解词的分析梳理或改写创作。

二、分解练习

1.朗读范文或自己按要求撰写的讲解词，规范读音，理顺语句，运用恰当的讲解方式和技巧，初步练习对四姑娘山旅游景区（点）的讲解。

2.熟记四姑娘山旅游景区（点）的地理位置、特色景点等。

3.分段落记忆与背诵讲解词，通过反复练习，逐步完成对四姑娘山旅游景区（点）的流畅讲解。

⭐ 活动三：考核评价

将学生分成若干小组，每组 6 人，一人担任讲解员，其他人扮演游客，进行模拟讲解实操训练。组内成员轮流担任讲解员，模拟讲解完毕后，填写任务评价表。

【任务评价】

评价项目	自我评定	小组评定	教师评定
仪容仪表（10分）			
礼节礼貌（15分）			
语音语调（10分）			
口头表达（20分）			
体态语言（10分）			
讲解内容（20分）			
讲解技巧（15分）			
总评（等级评定）			
等级评定：优（90分及以上）、良（80~89分）、中（70~79分）、合格（60~69分）、不合格（60分以下）			

【实训心得】

_____

_____

_____

_____

_____

_____

任务四　西岭雪山旅游景区（点）导游词讲解实操训练

模块五任务四

⭐ 活动一：课前准备

一、西岭雪山旅游景区（点）简介

西岭雪山位于四川省成都市大邑县境内，属四川大熊猫栖息地世界自然遗产、国家级风景名胜区，国家级森林公园、AAAA级旅游景区。景区内最高峰大雪塘海拔5364米，终年积雪不化，为成都第一峰。唐代大诗人杜甫盛赞此景并写下了"窗含西岭千秋雪"的千古绝句，西岭雪山因此而得名。

西岭雪山属立体气温带，现已形成"春赏杜鹃夏避暑，秋观红叶冬滑雪"的四季旅游格局。景区内旅游资源丰富，有变幻莫测的高山气象景观。茫茫的原始林海、数不尽的奇花异草、罕见的珍禽异兽、终年不断的激流飞瀑，组成了一个壮观旖旎、神秘奇特的高山自然风景区。

春天，山花烂漫，杜鹃成林，珙桐花开，如白鸽展翅，三十多个品种的杜鹃花延绵数十里，漫山遍野，仿若花的海洋。夏天，气候凉爽，绿草茵茵，最高气温不超过25℃，是成都近郊避暑、度假、开商务会议的首选之地。秋天，万山红遍，层林尽染，形成红、黄、绿三色自然景致。冬天，这里是冰雪的世界、童话的王国。每年的12月至次年3月为积雪期，积雪厚度达60厘米，雪质优良，形成南方独特的林海雪原奇观，此外，景区还开设了高山滑雪、雪地摩托、蛇形雪橇、雪上飞碟、雪上飞盘、雪地冲锋舟、狗拉雪橇等十余项冰雪游乐项目。

二、实训前的准备

1. 物质准备：讲解证、导游旗、随身包、记事本、西岭雪山旅游景区（点）游览路线图、无线讲解器、遮阳伞（雨伞）等。

2. 心理准备：充满自信，告诉自己一定能完成接待任务，坚定吃苦耐劳的信念，了解游客的基本信息和需求，分析西岭雪山旅游景区（点）的哪些方面最令游客感兴趣，熟悉西岭雪山旅游景区（点）的讲解词范文。

3. 形象准备：衣着整洁、大方，男士不得留胡须，女士不得化浓妆、留长指甲。

4. 仔细核实接待计划，根据游客的特点，设定团型，并选择适合的讲解风格。

★ **活动二：范文赏析及实操训练**

📖 **范文赏析**

西岭雪山旅游景区（点）讲解词

各位游客大家好，欢迎来到西岭雪山旅游。我是讲解员小张，今天将由我带大家游览西岭雪山。

西岭雪山位于四川省成都市大邑县境内，占地面积约483.5平方千米，最高峰大雪塘海拔5364米，终年积雪不化，矗立天际，十分壮丽。唐代诗人杜甫寓居成都时曾游览于此，写下了"窗含西岭千秋雪"的千古绝句，西岭雪山因此而得名。景区植被覆盖率达85%，原始森林面积约268平方千米，植物3000多种，动物300余种，有日照金山、阴阳奇观、凤尾瀑、五彩瀑等胜景，为国家级风景名胜区。西岭雪山属立体气

候带，四季可游，春天山花烂漫、杜鹃成林，夏天瀑布成群，秋天满山红叶，冬天雪景迷人，是成都近郊不可多得的集休闲、度假、避暑、登山、游雪于一体的大型旅游区。

在这里大家可以体会到，南国冰雪，虽然没有北方的严寒，却完全具有北国的风光。您看，这遍地白雪与丛林山地谱成一曲冬季恋歌，浸润着浪漫的南国雪韵。以西岭雪山为代表的南国冰雪游是一条特色精品旅游线。由于地势及地质原因，成都的山地积雪期从头年12月持续到次年3月，最低气温可达零下10℃。这里是南国冰雪节的主会场。不同的山体垂直高度形成了不同的景观，如冰挂、雪松、冰瀑等，独具韵味。

各位游客，现在我们已经来到了西岭雪山滑雪场。这里的积雪厚度为30～80厘米，雪质优良。滑雪场有顶级的地下管网造雪系统和十多台移动造雪机，还建造了7条国际标准滑雪道，同时配置了2500多套世界名牌滑雪器具，可同时容纳2000人。为了保证游客的游玩体验，滑雪场配备了雪地摩托、蛇形雪橇、雪上飞碟等设施，还建成了国内唯一的大型雪上游乐园。

📚 实操训练

一、阅读范文，自主创作

1.阅读西岭雪山旅游景区（点）简介和讲解词范文，熟悉西岭雪山旅游景区（点）的概况，将范文中提到的景点整理出来，然后构思讲解方式，尝试按范文进行模拟讲解。

2.搜集关于西岭雪山旅游景区（点）的零散素材，按照导游词的写作格式和要求，根据自己的讲解风格和表达习惯，设定相应团型，完成对西岭雪山旅游景区（点）讲解词的分析梳理或改写创作。

二、分解练习

1.朗读范文或自己按要求撰写的讲解词，规范读音，理顺语句，运用恰当的讲解方式和技巧，初步练习对西岭雪山旅游景区（点）的讲解。

2.熟记西岭雪山旅游景区（点）的地理位置、特色景点等。

3.分段落记忆与背诵讲解词，通过反复练习，逐步完成对西岭雪山旅游景区（点）的流畅讲解。

⭐ 活动三：考核评价

将学生分成若干小组，每组6人，一人担任讲解员，其他人扮演游客，进行模拟讲解实操训练。组内成员轮流担任讲解员，模拟讲解完毕后，填写任务评价表。

【任务评价】

评价项目	自我评定	小组评定	教师评定
仪容仪表（10分）			
礼节礼貌（15分）			
语音语调（10分）			
口头表达（20分）			
体态语言（10分）			
讲解内容（20分）			
讲解技巧（15分）			
总评（等级评定）			
等级评定：优（90分及以上）、良（80~89分）、中（70~79分）、合格（60~69分）、不合格（60分以下）			

【实训心得】

任务五　都江堰旅游景区（点）导游词讲解实操训练

模块五任务五

★ 活动一：课前准备

一、都江堰旅游景区（点）简介

都江堰水利工程始建于公元前256年，由秦朝蜀郡太守李冰及其子主持修建，是世界上历史最悠久且唯一现存的大型无坝引水水利工程。

都江堰水利工程巧妙地利用了地形和水力学原理，通过分水鱼嘴、飞沙堰和宝瓶口三大主体工程，将岷江水分流为内江和外江，实现了自动分流、自动排沙和自动调节水量等功能。内江用于灌溉，外江用于排洪，从而有效地解决了岷江水患问题，并为成都平原的农业发展提供了稳定的水源。

都江堰不仅在古代发挥了巨大的作用，至今仍然在发挥着防洪、灌溉和供水等多重功能，是中国古代智慧的杰出代表之一。它于 2000 年被联合国教科文组织列入世界文化遗产名录，同时也是国家重点文物保护单位和国家 AAAAA 级旅游景区。

都江堰附近风景秀丽，文物古迹繁多，有伏龙观、二王庙、安澜索桥、玉垒关、离堆公园、玉垒山公园和灵岩寺等。

二、实训前的准备

1. 物质准备：讲解证、导游旗、随身包、记事本、都江堰旅游景区（点）游览路线图、无线讲解器、遮阳伞（雨伞）等。

2. 心理准备：充满自信，告诉自己一定能完成接待任务，坚定吃苦耐劳的信念，了解游客的基本信息和需求，分析都江堰旅游景区（点）的哪些方面最令游客感兴趣，熟悉都江堰旅游景区（点）的讲解词范文。

3. 形象准备：衣着整洁、大方，男士不得留胡须，女士不得化浓妆、留长指甲。

4. 仔细核实接待计划，根据游客的特点，设定团型，并选择适合的讲解风格。

★ 活动二：范文赏析及实操训练

📖 范文赏析

都江堰旅游景区（点）讲解词

各位游客大家好，欢迎来到都江堰。我是讲解员小张，今天将由我带领大家参观游览。位于成都平原西部的都江堰水利工程是世界上历史最悠久且唯一现存的大型无坝引水水利工程，被誉为"世界水利文化的鼻祖"。2000 年，都江堰与青城山一同被联合国教科文组织列入世界文化遗产名录。

公元前 256 年，秦国蜀郡太守李冰及其子利用岷江出山口的山麓弧形，运用弯道环流原理，采用疏导型无坝引水方式，建成了分水鱼嘴、飞沙堰、宝瓶口三大主体工程。

都江堰的作用是调节四川盆地的水资源，保障农业生产和灌溉用水。都江堰的原理是借助分水堰将岷江分为内江和外江，有效减弱了岷江水的威力，并通过宝瓶口将内江水引入成都平原。都江堰的建造，解决了成都平原的干旱缺水问题，同时也避开了岷江的水患威胁，使成都平原成为"天府之国"。

接下来我就为大家一一介绍三大主体工程是怎么发挥巨大作用的。顺着我手指的方向看，那就是都江堰的第一大工程——分水鱼嘴了。它形如鱼的嘴巴，因此得名"鱼嘴"。现在我们站在鱼

嘴的坝口，看岷江水汹涌而来，经鱼嘴一分为两股，即内江和外江。内江用于灌溉农田，外江则用于排洪。鱼嘴主要起到两个作用：二八分沙、四六分水。二八分沙是指沉淀在河床上的泥沙经过鱼嘴上的一颗颗排列整齐的小石头，而使外江的沙占八成，内江的沙占两成。这样的话，灌溉农田的水就会十分清澈，因为大多数泥沙已经被外江排走。四六分水则根据季节的变化而变化。大家看旁边的几个小岛。冬春季节水流量小，水流经几个小岛而绕成 S 形，主流直冲内江，内江进水量约六成，而外江进水量约四成；夏季雨水增多，水位上涨，汹涌的水势不再受小岛的影响，主流直冲外江，内、外江的江水比例便会自动颠倒，即内江进水量约四成，而外江进水量约六成。

现在我们去飞沙堰。飞沙堰具有泄洪、排沙的显著功能，主要在洪水期将宝瓶口多余的内江水排到外江。如果遇到特大洪水，它还会自行溃堤，让江水流入泄洪道，使大量江水回归岷江正流，以保证成都百姓免受洪涝灾害。它的第二大功能就是排沙。当江水疾驰而来，会因离心力的作用而形成漩涡，将泥沙或冲上岸，或带入泄洪道，把多余的泥沙排到外江去。

下面是我们的最后一站——宝瓶口。宝瓶口因形似花瓶而得名，能自动控制内江进水量。宝瓶口是人工凿成的控制内江进水的咽喉。宝瓶口的水会被一分为二，二分为四，四分为八……以此来灌溉平原。如果宝瓶口被堵了，那么成都一半多的人口就没有水喝。

好了，我的介绍就先告一段落了，大家自由参观。30 分钟后在这里集合，还请大家注意安全。

🖥️📚 实操训练

一、阅读范文，自主创作

1.阅读都江堰旅游景区（点）简介和讲解词范文，熟悉都江堰旅游景区（点）的概况，将范文中提到的知识点整理出来，然后构思讲解方式，尝试按范文进行模拟讲解。

2.搜集关于都江堰旅游景区（点）的零散素材，按照导游词的写作格式和要求，根据自己的讲解风格和表达习惯，设定相应团型，完成对都江堰旅游景区（点）讲解词的分析梳理或改写创作。

二、分解练习

1. 朗读范文或自己按要求撰写的讲解词，规范读音，理顺语句，运用恰当的讲解方式和技巧，初步练习对都江堰旅游景区（点）的讲解。

2. 熟记都江堰水利工程的功能和原理等。

3. 分段落记忆与背诵讲解词，通过反复练习，逐步完成对都江堰旅游景区（点）的流畅讲解。

★ 活动三：考核评价

将学生分成若干小组，每组 6 人，一人担任讲解员，其他人扮演游客，进行模拟讲解实操训练。组内成员轮流担任讲解员，模拟讲解完毕后，填写任务评价表。

【任务评价】

评价项目	自我评定	小组评定	教师评定
仪容仪表（10 分）			
礼节礼貌（15 分）			
语音语调（10 分）			
口头表达（20 分）			
体态语言（10 分）			
讲解内容（20 分）			
讲解技巧（15 分）			
总评（等级评定）			
等级评定：优（90 分及以上）、良（80~89 分）、中（70~79 分）、合格（60~69 分）、不合格（60 分以下）			

【实训心得】

_____

_____

_____

_____

_____

任务六　邓小平故里导游词讲解实操训练

模块五任务六

★ 活动一：课前准备

一、邓小平故里简介

邓小平故里位于四川省广安市广安区协兴镇牌坊村，占地面积 3.19 平方千米，是国家 AAAAA 级旅游景区、全国重点文物保护单位，是集缅怀纪念、爱国主义教育、古镇文化、社会主义新农村展示、休闲度假于一体的复合型旅游景区。故居坐东朝西，由东、南、北 3 组单层建筑组成，有 17 间房屋。悬山式木结构、小青瓦屋面、穿斗式承重体系，工艺精湛，风格独特，是典型的川东民居建筑。1904 年，邓小平诞生于此，并在此生活了 15 年。1992 年被列为县级文物保护单位，1996 年被列为省级文物保护单位，2001 年被列为全国重点文物保护单位。2004 年 8 月，成立邓小平纪念馆；同年 12 月，更名为邓小平故里管理局，负责管理和保护邓小平故里纪念园区和佛手山风景区。2013 年被评为国家 AAAAA 级旅游景区。

邓小平故里现有全国重点文物保护单位 6 处，以及民俗民风等自然景观多处。园内按文物维修原则修缮了邓小平故居、洗砚池、蚕房院子、翰林院子、德政坊、神道碑、放牛坪、清水塘、邓家老井、邓绍昌墓等近 20 处邓小平青少年时期的活动场所。2004 年 8 月 13 日，经中共中央批准，修建了邓小平铜像广场和邓小平故居陈列馆。2013 年 2 月 27 日，邓小平缅怀馆开工奠基仪式在邓小平故里举行。2014 年 7 月，邓小平亲属向邓小平故居陈列馆和邓小平缅怀馆捐赠了一批文物和遗物，总计 441 件。其中包括 1978 年邓小平用过的中国共产党第十三次全国代表大会代表证、1981 年邓小平参加里根就职典礼纪念的请柬、卓琳亲自给邓小平织的毛裤、邓小平使用过的景德镇青花瓷烫酒壶等文物，极大地丰富了馆藏。

二、实训前的准备

1. 物质准备：讲解证、导游旗、随身包、记事本、邓小平故里游览路线图、无线讲解器、遮阳伞（雨伞）等。

2. 心理准备：充满自信，告诉自己一定能完成接待任务，坚定吃苦耐劳的信念，了解游客的基本信息和需求，分析邓小平故里的哪些方面最令游客感兴趣，熟悉邓小平故里的讲解词范文。

3. 形象准备：衣着整洁、大方，男士不得留胡须，女士不得化浓妆、留长指甲。

4. 仔细核实接待计划，根据游客的特点，设定团型，并选择适合的讲解风格。

★ 活动二：范文赏析及实操训练

📖 范文赏析

邓小平故居陈列馆与邓小平缅怀馆讲解词

各位游客大家好，欢迎来到邓小平故居陈列馆和邓小平缅怀馆。我是讲解员小王，今天将由我带领大家参观游览。

邓小平故居陈列馆坐落在邓小平故里园区内。江泽民亲笔题写的馆名遒劲有力，熠熠生辉。它距邓小平故居约 500 米，占地约 10 亩，建筑面积 3800 平方米，由一个序厅、三个展厅、一个电影放映厅及相关附属设施组成，具有极高的艺术品位。陈列馆建筑采用钢筋混凝土框架结构，以精练简朴的建筑语言，在现代建筑设计理念中融入川东民居的建筑风格，诠释中国改革开放历史性变化的深刻内涵。陈列馆坐西向东，一字排开，三个青瓦坡形屋面三叠三起，一起比一起高，最后耸立起一座丰碑，象征着邓小平"三落三起"的传奇人生。

陈列馆共收集了有关邓小平的 408 幅图片、170 件文物、200 多份档案文献资料，通过声、光、电等高科技手段，生动形象地展现了邓小平为中国革命、建设和改革事业不懈奋斗的光辉一生。其中，邓小平留法勤工俭学时的工卡、邓小平使用过的印章、毛泽东评价邓小平的手稿、邓小平于 1979 年访美时美国朋友赠送的牛仔帽、国庆 35 周年的检阅车、邓小平参加国务活动和视察南方时穿过的服装等许多见证重要历史时刻的文物都是第一次展出。基本陈列《我是中国人民的儿子》运用了国际博物馆展示的成功理念和现代先进的展示手段，全方位地再现了邓小平光辉的一生，荣获了第六届全国博物馆十大陈列展览精品评选特别奖。

邓小平缅怀馆位于邓小平故居陈列馆与邓小平故居之间，距离东南方向的邓小平故居陈列馆约 70 米。2013 年 2 月 27 日，邓小平缅怀馆在邓小平故里开工奠基。邓小平缅怀馆的建设，旨在丰富邓小平故里的教育基地内涵，更好地满足广大人民群众缅怀邓小平同志的需要，充分发挥邓小平故里作为全国爱国主义教育示范基地的功能。邓小平缅怀馆是纪念邓小平同志 110 周年诞辰的重点工程之一，是缅怀邓小平同志崇高风范的又一重要纪念场所。邓小平缅怀馆以"回家"为设计理念，以亲切、自然、温馨为建筑设计指导，展示邓小平生前的工作和生活场景，并以真实遗物为主陈列。缅怀馆的展览主题为"小平，您好"，意在突出展示政坛之下的邓小平，表达"人民领袖人民爱"的思想。整个展览是在邓小平故居陈列馆基本陈列《我是中国人民的儿子》的基础上，对邓小平人格魅力的完整补充，让人们更加了解小平的

生活、小平的情感、小平的世界。

当年在设计缅怀馆的时候，设计单位坚持以不再新征用土地、不扩大园区现有面积为前提，利用邓小平故居陈列馆与邓小平故居之间的绿地进行修建，保持陈列馆、缅怀馆、故居三者之间的协调，以便游客参观游览。邓小平缅怀馆从建设选址、地质结构勘察、概念设计，到施工图设计，再到后来的陈列布展方案设计，均体现了邓小平作为中国改革开放和现代化建设总设计师的一生。

好了，我的介绍就先告一段落了，大家自由参观。一小时后，我们在陈列馆门口集合，然后前往下一个景点。

实操训练

一、阅读范文，自主创作

1.阅读邓小平故里简介和讲解词范文，熟悉景区（点）的概况，将范文中提到的景点整理出来，然后构思讲解方式，尝试按范文进行模拟讲解。

2.搜集关于本旅游景区（点）的零散素材，按照导游词的写作格式和要求，根据自己的讲解风格和表达习惯，设定相应团型，完成对邓小平故里讲解词的分析梳理或改写创作。

二、分解练习

1.朗读范文或自己按要求撰写的讲解词，规范读音，理顺语句，运用恰当的讲解方式和技巧，初步练习对邓小平故里的讲解。

2.熟记邓小平故里的地理位置、特色景点等。

3.分段落记忆与背诵讲解词，通过反复练习，逐步完成对邓小平故里的流畅讲解。

★ 活动三：考核评价

将学生分成若干小组，每组6人，一人担任讲解员，其他人扮演游客，进行模拟讲解实操训练。组内成员轮流担任讲解员，模拟讲解完毕后，填写任务评价表。

【任务评价】

评价项目	自我评定	小组评定	教师评定
仪容仪表（10分）			
礼节礼貌（15分）			
语音语调（10分）			
口头表达（20分）			
体态语言（10分）			
讲解内容（20分）			
讲解技巧（15分）			

续表

评价项目	自我评定	小组评定	教师评定
总评（等级评定）			
等级评定：优（90分及以上）、良（80~89分）、中（70~79分）、合格（60~69分）、不合格（60分以下）			

【实训心得】

_____

_____

_____

_____

_____

任务七　青城山旅游景区（点）导游词讲解实操训练

模块五任务七

★ 活动一：课前准备

一、青城山旅游景区（点）简介

青城山位于四川省都江堰市西南，群峰环绕起伏，林木葱茏幽翠，享有"青城天下幽"的美誉。青城山是中国道教的重要发祥地，为中国道教四大名山之一。青城山因其秀丽的自然风光和众多道教建筑而闻名天下，自古就是游览胜地和隐居修炼之处。山中道教宫观以天师洞为核心，包括建福宫、上清宫、祖师殿、圆明宫、老君阁、玉清宫、朝阳洞等数十座。宫观内珍藏着大量的古籍文物和近代名家手迹。

建造师采用按中轴线对称展开的传统手法，并依据地形地貌巧妙地构建各种建筑，充分体现了道家追求自然的思想。

二、实训前的准备

1.物质准备：讲解证、导游旗、随身包、记事本、青城山旅游景区（点）游览路线图、无线讲解器、遮阳伞（雨伞）等。

2.心理准备：充满自信，告诉自己一定能完成接待任务，坚定吃苦耐劳的信念，了解游客的基本信息和需求，分析青城山旅游景区（点）的哪些方面最令游客感兴趣，熟悉青城山旅游景区（点）的讲解词范文。

3.形象准备：衣着整洁、大方，男士不得留胡须，女士不得化浓妆、留长指甲。

4.仔细核实接待计划，根据游客的特点，设定团型，并选择适合的讲解风格。

★ 活动二：范文赏析及实操训练

📖 范文赏析

青城山旅游景区（点）讲解词

各位游客大家好，欢迎大家来到"西蜀第一山"——青城山旅游。我是讲解员小何，今天将由我带领大家参观游览。常言道：峨眉天下秀，青城天下幽。今天就请大家随我一同悠游于这片清幽之地。预祝大家旅途顺心、愉快。

我先给大家简要介绍一下青城山，它位于成都市都江堰市西南，是著名的世界文化遗产、全国重点文物保护单位、国家重点风景名胜区、国家 AAAAA 级旅游景区、中国四大道教名山之一。青城山山清水秀，风景优美，文化灿烂，历史悠久。

青城山以其幽深秀美的自然风光和深厚的道教文化底蕴而闻名遐迩，自古便有"青城天下幽"的美誉。唐朝诗圣杜甫就在《丈人山》一诗中写道："自为青城客，不唾青城地。为爱丈人山，丹梯近幽意。"青城山是道教历史最悠久、发展最完整的道教名山。青城山的道教建筑最具代表性，这里有全国最集中的道教建筑群，有建福宫、上清宫、祖师殿、圆明宫、玉清宫等数十座道观。

…………

朋友们，刚才我们游览了上清宫、老君阁、朝阳洞和祖师殿，现在我们来到了天师洞。

天师洞，又称天师殿，因我们面前的这座张道陵塑像而得名。最早的天师洞道观，其实就只有一个山洞，我们刚看到的殿宇是清光绪年间修建的。天师洞先有"张道陵说道讲经飘然羽化于青城"，后有"徐悲鸿独憩青城昼夜描山鬼"的传奇。天师洞是一块将文化和自然完美融合的福地。走进这里，那种来自古老时代的文化气息和那种与清风相伴的幽静就会扑面而来。

青城山之所以成为道教名山，主要是因为张道陵。请大家顺着我手指的方向看，神龛内供奉着的便是张

天师。张道陵，原名张陵，字辅汉，传说是西汉张良的八世孙。他自幼聪慧过人，七岁便读通《道德经》，上知天文，下通地理。后来，张道陵叹息道："这些书都无法解决生死的问题啊！"于是云游名山大川，访道求仙去了。最后，张道陵在四川鹤鸣山创立了道教，因为入教者每人要交五斗米，所以又被称为五斗米道。相传，张道陵还得太上老君亲授，道法高强，后来在四川苍溪县的灵台山飞升，据说当时他已经123岁了。在创立道教时，张天师尊老子为教祖，奉其为道教至高无上的尊师，并亲自撰写《老子想尔注》，发扬老子的道家思想。

好了，我的介绍就先告一段落了，请大家自由活动，静静感受一下青城山的幽静，品味一下这里深厚的道教文化。

📚 实操训练

一、阅读范文，自主创作

1. 阅读青城山旅游景区（点）简介和讲解词范文，熟悉景区（点）的概况，将范文中提到的景点整理出来，然后构思讲解方式，尝试按范文进行模拟讲解。

2. 搜集关于本旅游景区（点）的零散素材，按照导游词的写作格式和要求，根据自己的讲解风格和表达习惯，设定相应团型，完成对青城山旅游景区（点）讲解词的分析梳理或改写创作。

二、分解练习

1. 朗读范文或自己按要求撰写的讲解词，规范读音，理顺语句，运用恰当的讲解方式和技巧，初步练习对青城山旅游景区（点）的讲解。

2. 熟记青城山旅游景区（点）的地理位置、特色景点等。

3. 分段落记忆与背诵讲解词，通过反复练习，逐步完成对青城山旅游景区（点）的流畅讲解。

⭐ 活动三：考核评价

将学生分成若干小组，每组6人，一人担任讲解员，其他人扮演游客，进行模拟讲解实操训练。组内成员轮流担任讲解员，模拟讲解完毕后，填写任务评价表。

【任务评价】

评价项目	自我评定	小组评定	教师评定
仪容仪表（10分）			
礼节礼貌（15分）			
语音语调（10分）			
口头表达（20分）			
体态语言（10分）			
讲解内容（20分）			

评价项目	自我评定	小组评定	教师评定
讲解技巧（15分）			
总评（等级评定）			
等级评定：优（90分及以上）、良（80~89分）、中（70~79分）、合格（60~69分）、不合格（60分以下）			

【实训心得】

_____

_____

_____

_____

_____

_____

任务八　峨眉山旅游景区（点）导游词讲解实操训练

模块五任务八

★ 活动一：课前准备

一、峨眉山旅游景区（点）简介

　　眉，古亦作"嵋"。峨眉山在四川省峨眉山市西南。《峨眉郡志》记载："云鬟凝翠，鬓黛遥妆，真如螓首蛾眉，细而长，美而艳也，故名峨眉山。"佛教称其为"光明山"，道教称其为"虚灵洞天"。峨眉山景区主要由大峨山、二峨山、三峨山、四峨山4座山峰组成。通常所说的峨眉山是指大峨山，即峨眉山的主峰，其峰顶称万佛顶，海拔3099米，峨眉山峰峦挺秀，山势雄伟，重岩叠翠，山麓至峰顶50余千米，石径盘旋，直上云霄，誉称"峨眉天下秀"。峨眉山相传是普贤菩萨显灵说法的道场，与五台山、普陀山、九华山合称"中国佛教四大名山"，为国家AAAAA级旅游景区，被列入世界文化遗产名录。峨眉山主要有报国寺、伏虎寺、万年寺、华藏寺、清音阁等景点。

二、实训前的准备

1.物质准备：讲解证、导游旗、随身包、记事本、峨眉山旅游景区（点）游览路线图、无线讲解器、遮阳伞（雨伞）等。

2.心理准备：充满自信，告诉自己一定能完成接待任务，坚定吃苦耐劳的信念，了解游客的基本信息和需求，分析峨眉山旅游景区（点）的哪些方面最令游客感兴趣，熟悉峨眉山旅游景区（点）的讲解词范文。

3.形象准备：衣着整洁、大方，男士不得留胡须，女士不得化浓妆、留长指甲。

4.仔细核实接待计划，根据游客的特点，设定团型，并选择适合的讲解风格。

★ 活动二：范文赏析及实操训练

📖 范文赏析

峨眉山旅游景区（点）之洪椿晓雨讲解词

各位游客大家好，欢迎来到中国佛教文化名山——峨眉山。峨眉山位于四川省峨眉山市境内，素有"峨眉天下秀"之美称，是一个集佛教文化与自然风光于一体的国家级山岳型风景名胜区。峨眉山经过岁月变迁，美景无数，但能洗涤凡尘的，就只有洪椿坪了。大家请看，洪椿坪林深、水清、气朗，这是它给予我们最具心意的礼物。

洪椿坪，位于峨眉山皇帽峰下的山腰处，海拔1120米。这里不仅是峨眉山的重要景点之一，而且是佛教文化与自然美景完美融合的典范。一步入这片清幽之地，您就会感受到一种远离尘嚣、超凡脱俗的宁静与祥和。首先，映入眼帘的是那座庄严古朴的千佛禅院。这座寺庙历史悠久，文化底蕴深厚。晋朝时，这里曾是印度和尚宝掌禅师的结茅静修处，宋代建寺，称千佛庵。历经明代初年楚山和尚的扩建、清雍正年间的再建，以及清乾隆年间火灾后的修复，洪椿坪逐渐发展成为我们今天所见的规模。因寺前原有千年洪椿三株，这里便得名"洪椿坪"。如今，寺外仍存洪椿古树两棵，枝叶繁茂，见证了岁月的流转和历史的沧桑。

走进禅院，您会发现这里的每一处细节都透露着佛教文化的独特韵味。寺内珍藏有民国时期的木刻千佛莲灯，七龙绕柱，镂雕精细，剔透玲珑，堪称佛教文物中的瑰宝；而寺内名碑数通，品位极高，清康熙亲书的"忘尘虑"等碑刻，更是全山少有。这些文物不仅记录了洪椿坪的悠久历史，而且彰显了佛教文化的博大精深。

除了丰富的文化遗产，洪椿坪的自然风光同样令人叹为观止。这里古木扶疏，瑶草奇花，群峰环翠，云雾空蒙。每当清晨时分，如梦似幻的"晓雨"洒落，让人仿佛置身于仙境之中。在这一古朴幽深的庭院之中，细雨轻飘，风儿轻柔，令人驻足。俗话说：一山有四季，十里不同天，说的就是峨眉山。峨眉山常被淡雾细雨笼罩其间，而峨眉十景之一的"洪椿晓雨"就将这"山色空蒙雨亦奇"展示得淋漓尽致。

云丰雾盛，山鸟长鸣，丝丝细雨酝酿出独一份的宁静，顷刻间，浓雾弥漫，只闻人语不见人影了，咫尺竟成了天涯，正如王维所描述的——"山行本无雨，空翠湿人衣"，这一场洪椿晓雨仿佛要把世界与之隔离了。蒙蒙细雨忆当年，洪椿晓雨不枉然——如果说峨眉是一篇完美的诗章，那这里就是承接的段落。

朋友们，现在就请用您的眼睛、耳朵、鼻子和心灵好好体会这里的清新与宁静吧。给大家一小时的时间自由参观，一小时后我们将前往下一个景点。

📚 实操训练

一、阅读范文，自主创作

1.阅读峨眉山旅游景区（点）简介和讲解词范文，熟悉景区（点）的概况，将范文中提到的景点整理出来，然后构思讲解方式，尝试按范文进行模拟讲解。

2.搜集关于本旅游景区（点）的零散素材，按照导游词的写作格式和要求，根据自己的讲解风格和表达习惯，设定相应团型，完成对峨眉山旅游景区（点）讲解词的分析梳理或改写创作。

二、分解练习

1.朗读范文或自己按要求撰写的讲解词，规范读音，理顺语句，运用恰当的讲解方式和技巧，初步练习对峨眉山旅游景区（点）的讲解。

2.熟记峨眉山旅游景区（点）的地理位置、特色景点等。

3.分段落记忆与背诵讲解词，通过反复练习，逐步完成对峨眉山旅游景区（点）的流畅讲解。

★ 活动三：考核评价

将学生分成若干小组，每组6人，一人担任讲解员，其他人扮演游客，进行模拟讲解实操训练。组内成员轮流担任讲解员，模拟讲解完毕后，填写任务评价表。

【任务评价】

评价项目	自我评定	小组评定	教师评定
仪容仪表（10分）			
礼节礼貌（15分）			
语音语调（10分）			
口头表达（20分）			
体态语言（10分）			
讲解内容（20分）			
讲解技巧（15分）			
总评（等级评定）			
等级评定：优（90分及以上）、良（80~89分）、中（70~79分）、合格（60~69分）、不合格（60分以下）			

【实训心得】

_____

_____

_____

_____

_____

模块五任务九

任务九 剑门关旅游景区（点）导游词讲解实操训练

⭐ **活动一：课前准备**

一、剑门关旅游景区（点）简介

剑门关，位于四川省广元市剑阁县北部，由剑门关景区、翠云廊景区两个景区组成，是四川大九寨环线的重要节点和蜀道三国文化精品旅游路线的支撑中心。剑门关景区，地处四川盆地北部边缘断褶带，大、小剑山中断处，两旁断崖峭壁，峰峦似剑，两壁对峙如门，故称"剑门"，是我国

著名的天然关隘之一，享有"剑门天下险""天下第一关""蜀之门户"之美誉。剑门关景区主要有剑门关、剑阁道、七十二峰、姜公祠、雷霆峡、翠屏峰、仙峰观、古剑溪桥等景点。剑门关景区于 1993 年对外开放，2010 年被列为国家 AAAA 级旅游景区，2015 年被列为国家 AAAAA 级旅游景区。

二、实训前的准备

1. 物质准备：讲解证、导游旗、随身包、记事本、剑门关旅游景区（点）游览路线图、无线讲解器、遮阳伞（雨伞）等。

2. 心理准备：充满自信，告诉自己一定能完成接待任务，坚定吃苦耐劳的信念，了解游客的基本信息和需求，分析剑门关旅游景区（点）的哪些方面最令游客感兴趣，熟悉剑门关旅游景区（点）的讲解词范文。

3. 形象准备：衣着整洁、大方，男士不得留胡须，女士不得化浓妆、留长指甲。

4. 仔细核实接待计划，根据游客的特点，设定团型，并选择适合的讲解风格。

★ 活动二：范文赏析及实操训练

📖 **范文赏析**

剑门关旅游景区（点）之关楼讲解词

各位游客大家好，欢迎到四川旅游，蜀地美景可谓美不胜收。人们把四川的风光归纳为四个天下："峨眉天下秀、青城天下幽、剑门天下险、夔门天下雄。"今天，我们要游览的便是有着"剑门天下险"之美誉的剑门关了。剑门关景区位于四川省广元市剑阁县境内。据史料记载，剑门关由蜀汉丞相诸葛亮设立。北上伐魏时，蜀军曾多次在此练兵，蜀将姜维也曾在这里率领 3 万兵马抵挡住了曹魏 10 万大军的进攻。"一夫当关，万夫莫开"，剑门关以狭长的栈道和雄伟的关楼扼住

了汉中入蜀的咽喉，起到了重要的军事防御作用。剑门关是我国著名的天然关隘之一，享有"蜀之门户"的美誉。

剑门关原关楼是三层翘角式箭楼，阁楼正中悬一横匾，书"天下雄关"，顶楼正中的匾额题有"雄关天堑"，历代官府多次在剑门关关隘修建关楼，但它们均毁于战火，明时又重新建造，清时几经修复，使关楼更加雄伟。可惜，这座历经千余年的雄伟古关楼，在1935年修筑川陕公路时被全部拆毁，仅存一块长方形"剑门关"石碑。现关楼是1992年在原关楼旧址上重新修建的一座仿古式关楼。

现在我们所看到的关楼与周围的险山浑然一体。整个关楼有两层，层层错缝修筑，构成了四面墙体。墙外是用黄泥勾缝的，泥中还混有草籽，每到春天，墙外都会长满绿草。石墙的顶端，是用仿汉砖砌成的，还有16根仿木圆柱直通到了顶层。如果您登楼远望，剑门七十二峰尽收眼底，秦岭高山隐约可见。关楼东侧，还筑有烽火台，烽火台与关楼之间以城墙相连。作为历史上四川的北大门，剑门关是古代的交通枢纽、民族迁徙的通道、中原文化与巴蜀文化长期交流的走廊。这里不仅有雄奇灵秀的好山好水，而且以其深厚的历史积淀名扬四海。它见证了四川这个"天府之国"几千年来的纵横和绵延。

好了，我对剑门关关楼的讲解就告一段落了。下面的时间大家自由活动，中午12点30分，请大家到景区大门口集合，愿此次剑门关之行成为您一段难忘的回忆。

实操训练

一、阅读范文，自主创作

1.阅读剑门关旅游景区（点）简介和讲解词范文，熟悉景区（点）的概况，将范文中提到的景点整理出来，然后构思讲解方式，尝试按范文进行模拟讲解。

2.搜集关于本旅游景区（点）的零散素材，按照导游词的写作格式和要求，根据自己的讲解风格和表达习惯，设定相应团型，完成对剑门关旅游景区（点）讲解词的分析梳理或改写创作。

二、分解练习

1.朗读范文或自己按要求撰写的讲解词，规范读音，理顺语句，运用恰当的讲解方式和技巧，初步练习对剑门关旅游景区（点）的讲解。

2.熟记剑门关旅游景区（点）的地理位置、特色景点等。

3.分段落记忆与背诵讲解词，通过反复练习，逐步完成对剑门关旅游景区（点）的流畅讲解。

★ 活动三：考核评价

将学生分成若干小组，每组 6 人，一人担任讲解员，其他人扮演游客，进行模拟讲解实操训练。组内成员轮流担任讲解员，模拟讲解完毕后，填写任务评价表。

【任务评价】

评价项目	自我评定	小组评定	教师评定
仪容仪表（10 分）			
礼节礼貌（15 分）			
语音语调（10 分）			
口头表达（20 分）			
体态语言（10 分）			
讲解内容（20 分）			
讲解技巧（15 分）			
总评（等级评定）			
等级评定：优（90 分及以上）、良（80~89 分）、中（70~79 分）、合格（60~69 分）、不合格（60 分以下）			

【实训心得】

_____

_____

_____

_____

_____

_____

附录：博物馆常见生僻字

1. 簠（fǔ）：古代祭祀时盛谷物的器皿，长方形，有足有耳。

2. 彝（yí）：古代盛酒的器具，也泛指祭器。

3. 甗（yǎn）：古代炊具，中间有箅子，相当于现在的蒸锅。

4. 戟（jǐ）：古代兵器，是戈和矛的合成体，具有刺击和钩杀双重功能，后代形制有所变化。

5. 觥（gōng）：古代用兽角等做的酒器。

6. 盉（hé）：古代温酒或调节酒的浓淡的器具，形状像壶，三足或四足。

7. 罍（léi）：古代一种盛酒的器具，形状像壶。

8. 觚（gū）：古代一种盛酒的器具。

9.觯（zhì）：古时饮酒用的器具。

10.鬲（lì）：古代炊具，样子像鼎，足部中空。

11.瓿（bù）：瓦器，圆形深腹，用以盛醋、酱等物。

12. 斝（jiǎ）：古代盛酒的器具，铜制，圆口，平底，三足，盛行于商代。

13. 盨（xǔ）：古代盛食物的铜制器皿，有盖和两个耳子。

14. 敦（duì）：盛黍稷之器，圆形，有足，有盖。

15. 殳（shū）：古代兵器，多用竹或木制成，有棱无刃，有的在顶端装上刺球和矛。

16. 铍（pī）：古代的一种长矛。

17. 匜（yí）：古代盥洗时用来注水的器具。

18.铙（náo）：古代军中乐器，像铃铛，中间没有舌。

19.钲（zhēng）：古代行军时用的一种打击乐器，有柄，形状像钟，但比钟狭而长，多用铜制成。

20.錞（chún）：古代一种铜质的军乐器，形如圆桶，顶上多做虎形钮，可悬挂，常与鼓配合。

21. 缶（fǒu）：古代一种大腹小口儿的器皿，有陶制的，也有铜制的。

22. 铩（shā）：古代兵器，长柄，锋端有双刃。

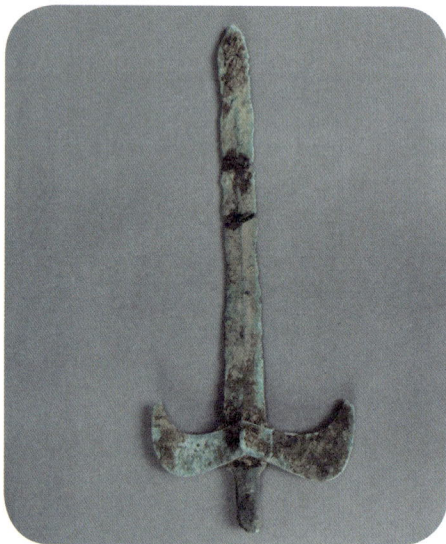

23. 钺（yuè）：古代兵器，由青铜或铁制成，形状像板斧而较大。